Enrique Álvarez Mérida

REGANDO EL ALMA

Historias para Buscadores

> *La felicidad, en lugar de ser la resultante*
> *de lo agradable que ocurre fuera de mí,*
> *es la consecuencia natural de un estado del Ser*
> *y por tanto, una elección que cada uno debe hacer.*
> ENRIQUE ÁLVAREZ

AGRADECIMIENTOS

Quiero empezar estas páginas dando las gracias a mi querido hijo Pablo, por haber sido el *motor* del cambio profundo que se ha producido en mi vida. A mis queridos hijos Nacho y Paula por haber escogido estar en mi vida y aprender con ellos. A mi querida mujer Mamen que, si es realmente guapa por fuera, mas bella es por dentro, gracias por querer estar a mi lado y compartir tu inmensa Paz y sabiduría. Gracias a mi querida madre por la cantidad de horas, días, años que nos ha dedicado y nunca sabremos sus hijos agradecérselo tanto como se merece, a mi querido padre por haber sido y seguir siendo, un gran maestro en mi vida, gracias a todos y cada uno de mis hermanos y familiares. Gracias al escritor, no desea que figure su nombre, que me ha ayudado con los textos, a Eva del Fraile por los dibujos de portada, y a todas las personas con las que he tenido ocasión de relacionarme en la vida, de todas ellas he aprendido y sigo aprendiendo. Gracias a la Vida y a todas las situaciones/experiencias que me plantea, confío ser cada vez mas consciente en cada una de ellas, ese es mi empeño actual.

> *Me amo.*
> *Te Amo a Ti, querido lector.*
> *Amo este libro*
> *y Amo todo cuanto es y no es.*

ME PRESENTO

Querido lector: este libro que ahora lees, cosa que te agradezco, el primero que me decido a publicar, ha sido escrito con toda mi ilusión y Amor. Espero que al explorarlo sientas el cariño con el que ha sido tratado desde la primera a la última página. Pero antes de nada, permíteme que me presente.

Mi nombre es Enrique Álvarez Mérida, nací en España, en la ciudad de Málaga, en el seno de una familia de clase media, hace ya unas cuantas décadas. A los tres años mi familia se trasladó a vivir a Sevilla, donde resido actualmente. Mi profesión es Economista, asesor de empresas y auditor inscrito en el Registro Oficial de Auditores de Cuentas, Ministerio de Economía, con el nº 1643. Soy miembro del Ilustre Colegio de Economistas, del Registro de Economistas Auditores, del Registro de Economistas Asesores Fiscales, del Registro de Economistas Forenses, del Registro de Economistas Auditores de Sistemas de Información; también Censor Jurado de Cuentas, Auditor Jefe de Sistemas de Calidad ISO, Auditor de Protección de Datos, y Auditor de Internet Sello WebTrust. Coach de Equipos y tengo un Master en Administrador Concursal.

La que acabas de leer sería mi presentación formal, tradicional o dicho con otras palabras, la que todo el mundo espera.

Pero hay otra distinta, más personal, más real y para mi más apropiada que, de momento, sólo he hecho en círculos más íntimos. Hoy voy a compartirla contigo.

Soy un Ser Espiritual que, en estos momentos, habito un cuerpo físico, el cual *animo, doy vida*. Todas mis experiencias humanas tienen como único fin el descubrir/recordar el Dios interior que se halla oculto en mi interior, y en el de todos –también en el tuyo–. Una vez logrado, trato de manifestarlo conscientemente en cada instante de mi vida, en mis relaciones con todo y con todos, aunque muchas veces, te he de confesar, no lo recuerdo y sigo comportándome como si fuera un humano *dormido*.

Para poder explicarte como llego a ser consciente de esta realidad *personal*, veo preciso contarte mi historia. Seré breve.

Llevo mas de treinta años ejerciendo mi profesión. Empecé en una importante entidad financiera de mi país, pero cuando ya había adquirido un puesto de cierta relevancia y una experiencia que consideré *suficiente*, y deseando hacer otras cosas, pedí la baja voluntaria y me dediqué al ejercicio de mi actividad profesional. Fue una decisión que muchos la calificaron de arriesgada pero yo nunca la consideré así, mas bien era una nueva aventura, nuevos campos a explorar, para divertirme, pasármelo bien. Por aquel entonces, incluso desde mucho más joven, he considerado que *la vida* me trataba muy bien. Me sentía merecedor de todo lo maravilloso que me traía, por lo que vi normal el alcanzar muy pronto, un estatus cómodo, o como se le suele llamar: *éxito en la vida*. Tenía una magnífica familia, saludable y feliz, vivía en un buen chalet, con casa en Marbella, barco, buenos coches, empresas propias, inversiones de diversos tipos, viajes en los mejores hoteles y a los destinos más sofisticados, y dinero para atender todos los caprichos que pudiéramos tener.

Todas esas cosas me daban durante un cierto tiempo, cada vez mas corto, lo que por entonces yo creía que era la *felicidad*. Sin embargo, ahora recuerdo esa etapa de mi vida como una frenética huida hacia delante. Una de mis frases de entonces era *el mundo es de los insatisfechos, has de estar siempre insatisfecho para luchar por conseguir más y más.* Era como si tuviera miedo de mí mismo de, parar un instante a reflexionar sobre las cosas realmente importantes en la vida. Por lo tanto, ni podía, ni me planteaba, detenerme un segundo. Vivía inmerso en una actividad frenética, con gran carga de trabajo en el despacho, negocios que debían ser atendidos constantemente, inversiones, etc.. En resumen, y aunque me gustaba mi trabajo, tenía tiempo de ocio para mí y me lo pasaba realmente bien, todo era muy *artificial*.

Esta artificialidad terminó afectando a mi relación de pareja. Cada vez me sentía mas alejado de mi mujer. Ella no se planteaba aquella locura de *seguir creciendo* y, para mi, era la única salida por lo que decidí tomar distancia. Hablé con mi mujer, después con mis hijos –de 14 y 11 años– y les comuniqué mi decisión de tomarme un tiempo para recapacitar sobre mi relación con su madre.

De modo que alquilé un apartamento donde, entre mis cosas personales, me trasladé a mí también. La separación no sirvió para arreglar nada, nuestra relación seguía tensa, y cada vez fui viendo más lejana la posible reconciliación. A esto tampoco ayudó que ambos trabajásemos en el mismo despacho, compartiendo espacio, clientes y negocios. La situación se volvió insostenible y la única salida que nos quedaba, era la ruptura definitiva de todo tipo de relación, nada fácil, por cierto, dado lo complejo de la estructura empresarial montada.

En esas circunstancias, a los pocos meses, en el patio del colegio, durante el recreo, murió de forma súbita mi querido hijo mayor: Pablo.

Es muy difícil expresar con palabras lo que sentí en ese momento. Fue como si se me *rompiera el alma*, nada comparable con nada. Nunca. Recuerdo estar en el hospital, en la rampa del garaje, apartado por mi propia voluntad de los demás, solo, llorando desde el alma, con todo mi ser, sin que nada ni nadie me pudiera consolar ni siquiera un segundo. De pronto, sentí en mi interior la voz de Pablo. Me estaba hablando con una claridad meridiana:

"Tranquilo papá, yo estoy bien, tranquilízate, no pasa nada, todo está bien", fueron sus palabras.

Los meses siguientes, una gran cantidad de ellos, se pasaron sumidos en una profunda tristeza, llanto, desconsuelo, no se muy bien como definirlo. Nada me podía calmar, nadie me podía ayudar, nada me interesaba. ¡Todo lo dejé entonces de lado! La separación de mi mujer se hizo efectiva, incrementada exponencialmente por el dolor inmenso del que ambos éramos presa. Incluso el abandono por completo de los negocios. No había nada que me apeteciera continuar, y lo que es peor, no vislumbraba ningún consuelo procedente de nada ni de nadie. Entre mis vehículos había una moto de gran cilindrada y, aunque nunca en mi vida he deseado mi propia muerte, ni siquiera entonces, no me hubiese importado haber tenido un accidente fatal para dejar de sufrir de esa manera tan tremenda.

Al no atender debidamente los negocios, éstos empezaron a cerrarse de forma caótica, perdiendo clientes y tirando por tierra el trabajo de muchos años. Pronto llegaron los embargos, las ejecuciones y la inevitable ruina económica. Me había quedado en la estacada, se había caído mi vida en todos los sentidos y lo peor era, que no me importaba en absoluto.

No recuerdo quien fue, pero poco tiempo después alguien me regaló un libro de Brian Weiss, jefe de Psiquiatría del Centro Médico Monte Sinaí en Miami. En él hablada de la reencarnación, de la experiencia del alma a través de distintas vidas, aportando como pruebas las regresiones realizadas en sus pacientes. El autor de ese libro tan *raro* empezó a experimentar con esta técnica tras la muerte de su hijo pequeño, llegando a increíbles –y entonces para mí, imposibles– conclusiones. Aquella lectura me abrió un nuevo mundo de posibilidades y me ayudó a pasar la fase de *duelo intenso*. Así dio inicio un cambio importante en mí. Tal vez no lo sabía aún, pero comencé una *búsqueda* que irremediablemente debía llevarme a conocer nuevas respuestas. En aquel momento, todavía muy influido por mi *deformación profesional*, me preguntaba insistentemente *qué* había pasado, y sobre todo *por qué*. Ahora sé que la pregunta correcta era, *para qué*.

Hasta ese momento, yo me había considerado una persona normal: procuraba no hacer daño a nadie, pretendía ser siempre honesto y trabajaba con total diligencia. No recuerdo si me lo llegué a plantear alguna vez en serio, pero para mí con eso era suficiente. Sin embargo, todo había cambiado. Fui consciente de que *lo anterior* no era ya suficiente ni por asomo. Había algo, no sabía dónde, que hasta entonces había permanecido oculto a mis ojos, y que sin duda escondía los secretos del sentido *real* de la vida. Era consciente por primera vez, de que la vida no podía ser como me la habían contado y yo, inocentemente, me había creído; *tienes que hacerte un hombre de provecho, labrarte un futuro. Para ello has de luchar, trabajar duro, competir, ser el mejor, hacer una buena carrera, tener propiedades que te darán seguridad/ felicidad y cosas por el estilo.* Así fue cómo comencé a devorar muchos de esos libros *raros*, a reflexionar sobre sus enseñanzas, a experimentar, a ver más allá, a sentir de otra manera. Empecé a asistir a todo tipo de conferencias, talleres, charlas espirituales, prácticas energéticas y un sinfín de otros eventos relacionados con este nuevo mundo. Comencé a practicar Yoga, Tai Chi y meditación de diversos tipos. Entré en varios grupos religiosos, primero católicos, después budistas, salí de ellos, entré en distintos grupos de *trabajo interior*, luego de meditación, más tarde fui discípulo de un maestro hindú, luego empecé a meditar por mi cuenta, formé parte de ONGs, asociaciones benéficas... fui entrando y saliendo de grupos y asociaciones constantemente, absorbiendo sus enseñanzas y siguiendo solo lo que resonaba en mí en cada momento. Aprendí a *escucharme* y poco a poco, fui encontrando un *sentido a mi vida* al ir llegando las respuestas, válidas para mi, a las grandes preguntas que, nunca me había hecho pero ahora, cobraban un sentido importante, ¿quién soy? ¿de donde vengo? ¿a dónde voy? ¿qué hago aquí?...

Gracias a ello, me fui sintiendo cada vez más equilibrado, más en Paz conmigo mismo y con todo lo que previamente había vivido. Así, casi sin darme cuenta, comencé a rehacer mi vida. Retomé mi trabajo y, al mismo tiempo, inicié una nueva relación de pareja con una chica que, aunque la conocía desde hacía varios años, hasta entonces no me había encontrado preparado para formalizar nuestra relación. Tras un tiempo viviendo juntos, decidimos tener un hijo. Así llegó, hace ahora 12 años, nuestra querida hija Paula, una auténtica bendición y ejemplo-maestra en mi vida.

Como una consecuencia natural de todo lo anterior, en los últimos años he compaginado mi actividad profesional *consciente* con actividades que, podría decirse, están dedicadas al colectivo. He tenido la oportunidad y el placer de dar charlas e impartir talleres con distintas temáticas: *"La Economía desde* la Espiritualidad", "No estamos en crisis, es una mutación del sistema", "Protocolo para la creación consciente de mi realidad", "Crisis global salida, en principio, individual", "Leyes Espirituales para las Empresas", "Abundancia y Espiritualidad ¿opuestos o complementarios? Tú decides", "Crear desde el Sentir", etc. Todo ello me ha hecho sentir bien pero, seguía sin ser suficiente.

En agosto de 2013, a la vuelta de unos trabajos energéticos realizados en Los Alpes, decidí tomarme un año sabático para reflexionar qué deseaba hacer el resto de mi vida. En este tiempo he llegado a muchas conclusiones, siendo una de ellas que quiero dedicarme por completo a poner mi experiencia personal y profesional en beneficio del colectivo. Con este ánimo, he tomado la firme decisión de no volver a ejercer mi actividad profesional, por lo que he ido soltando escalonadamente hasta mi último cliente, dándole las gracias a todos y cada uno de ellos, despidiéndome y deseándoles lo mejor.

Y mientras nuevos proyectos siguen tomando forma, me van llegando *sueños, propuestas, actividades* de todo tipo y desde distintas fuentes que, merecen ser *sentidas* y estudiadas con detenimiento. Una de ellas es escribir. Tengo unos diez títulos de libros esperando su momento de ver la luz y así compartir mis experiencias. Este que tienes entre tus manos es el primero que, espero lo disfrutes y confío que nos *veamos* en el siguiente.

Yo Soy Amor. Yo Soy Paz. Yo Soy.
Yo Soy Tú, como Tú Eres Yo.

> *Nunca dudes de que un pequeño grupo de ciudadanos
> conscientes y comprometidos, pueden cambiar el mundo,
> de hecho siempre ha sido así.*
> MARGARET MEAD

INTRODUCCIÓN

Estoy convencido de que hay una sola Realidad, humana para entendernos, y unas siete mil millones de maneras de interpretarla. La manera de interpretar la Realidad de cada uno está basada, principalmente, en el paradigma en el que se nace y es la resultante de las elecciones que cada uno toma a lo largo de su vida. Por tanto, somos, además de nuestra herencia genética, lo que comemos, bebemos, respiramos, y en mayor medida, lo que sentimos, creemos, pensamos y hacemos. Dado que los medios de comunicación nos transmiten, por lo general, información que directa o, subliminalmente, nos incitan al consumo, a la violencia, al miedo, al sexo, al materialismo, a la competencia, a sentirnos separados de nuestros hermanos, a no pensar más que en lo que a ciertos grupos de poder/control interesa, etc., una gran parte de nuestra sociedad está, mayoritariamente, anclada en dichas pautas de comportamiento.

Sin embargo, hay –cada vez más– personas que deseamos estar concentradas en Ser; que no precisamos aferrar nuestra razón de vivir a la posesión de bienes materiales o a conseguir un buen empleo; que creemos que la famosa *crisis* de la que no paran de hablar, es la gran oportunidad que estábamos esperando para buscar respuestas *en otro lugar*; que preferimos emplear una parte de nuestro tiempo en crecer como personas plenas y en realizar actividades que puedan ser útiles y edificantes para otros; que creemos que no estamos en este mundo para sufrir o sólo trabajar; que nos sentimos parte de algo mucho más grande; que llevamos el control de nuestras vidas desde nuestro interior, con nuestra voluntad, nuestra intención, nuestros actos. En definitiva, que estamos descubriendo que hay otra forma de vivir –distinta a la que nos han contado– que nos puede aportar mucha Paz. A nosotros mismos primero, y luego a los que nos rodean.

Entendemos que una vida equilibrada consiste en la adecuada interrelación entre los aspectos físicos, mentales y espirituales, con una actitud siempre positiva, favorecida por la total coordinación de lo humano y lo divino, y la aplicación diaria de lo que vamos aprehendiendo/recordando.

Una sonrisa, la palabra siempre amable, el pensamiento cariñoso, momentos de silencio, los pequeños actos bondadosos, las cosas aparentemente insignificantes que agradan el corazón, es la forma de ir creciendo con paciencia, la *ciencia de la Paz*.

En la Biblia se dice *amaos los unos a los otros*. Jesús lo repitió, pero al parecer no lo hemos entendido. Aunque no nos lo parezca, tenemos absoluta libertad para crear este mundo a nuestra voluntad, y sin embargo, le solemos echar la culpa de todo lo *malo* que pasa a Dios. ¿Es que no nos damos cuenta de las consecuencias de nuestros propios actos? Solemos decir "yo no tengo la culpa", cuando soy parte de la Sociedad y me debo sentir co-responsable, como para implicarme personalmente en su mejora.

La mejor forma de cambiar lo que no nos gusta es, aceptando plenamente nuestra actual situación de vida y siendo conscientes de que hemos contribuido a crearla, transformarnos a nosotros mismos. Siguiendo la Ley Universal *como es Arriba es Abajo, como es lo Pequeño es lo Grande, como es Fuera es Dentro*: todo lo externo es un reflejo de lo que tenemos en nuestro interior. Es como si al mirarnos en un espejo y si lo que vemos no nos gusta, fuéramos contra nuestra imagen en el espejo. Puede sonar absurdo, pero es lo que solemos hacer, en lugar de aceptarnos tal y como nos vemos. Por tanto, si deseamos cambiar lo que hay fuera de nosotros, hemos de trabajar desde nuestro interior. Si conseguimos vivir cada vez más en Paz con nosotros mismos y con todo lo que nos ocurre y rodea, si somos más abiertos, más humanos, más tolerantes, pacientes, si devolvemos bien por mal, perdonamos, amamos a todos y todo; entonces iremos cambiando desde dentro y ese cambio se irá reflejando poco a poco en nuestro exterior: familia, amigos, compañeros. Todos ellos vivirán nuestra transformación y, de la misma forma, si así lo eligen, ellos también irán introduciendo cambios en sus vidas.

Solemos ser haces de reflejos condicionados, es decir, muy predecibles. Por ejemplo, si alguien nos insulta, se espera de nosotros que respondamos con mayor dureza, con lo que no sólo dejamos nuestra Paz en manos de terceros, sino que seguimos alimentando la espiral de violencia en la que mayoritariamente estamos inmersos. Pero tenemos opciones. Podemos no responder, no sentirnos ofendidos y enviarle a esa persona que nos pretende herir, sentimientos de Paz, de Amor. Jesús dijo *"...oísteis: amarás a tu prójimo y aborrecerás a tu enemigo. Pero yo os digo: amad a vuestros enemigos, bendecid a los que os maldicen, haced bien a los que os aborrecen, y orad por los que os ultrajan y os persiguen"*[1]. Es una opción que, si la realizamos cada vez con

---

[1] Mateo 5, 43-44.

mayor frecuencia, cambiará radicalmente nuestras vidas. Y si cada vez somos más los que soñamos un mundo en Paz, regido por la Ley del Amor en lugar de la del miedo, de la del poder económico, de las armas, de los mercados, etc., esta nueva realidad no tardará en manifestarse. De hecho, ya se puede ver en nuevos proyectos de todo tipo que están surgiendo por todo el mundo, a través de muchas personas que, cuando hablamos con ellas, nos transmiten una inmensa Paz. Aunque, por el momento, esta nueva realidad no parezca interesar a los grandes medios de comunicación.

"Paz en la Tierra" ¿son sólo palabras o existe un auténtico potencial de que se haga realidad? ¿Cómo se logrará? Empezando justo dentro de nosotros mismos. ¿Nos gustaría que cesara todo tipo de violencia? ¿Qué tal si alcanzamos un acuerdo entre nuestro ego y nuestro Ser para que cesen en su lucha y se integren?

Está en La Biblia y en los textos sagrados de todas las religiones. Nos han dicho desde siempre que hemos sido creados a Imagen y semejanza de Dios, que Somos Hijos de Dios. Evidentemente, debido a la de/formación que nos han inculcado no lo hemos creído. Pero, ¿y si fuera cierto? y si fuéramos Uno con la Fuerza Creadora, Uno con Dios. ¿Y si ese 90% del ADN que los científicos considera basura, si ese 90% del cerebro que nos dicen no utilizamos, si ese 90% del Universo que no saben explicarnos qué tipo de energía contiene; si todo eso fuera también espiritual, sagrado, divino? Nos consideraríamos seres realmente poderosos, tanto como para cambiar la realidad que parece imperar en nuestros días, basada en el miedo en lugar de en el Amor.

¿Merecería la pena que lo intentáramos?

En el preámbulo de la Constitución de la UNESCO de 1945, entre otras cosas, se dice: "*…. que, puesto que las guerras* nacen en la mente de los hombres, es en la mente de los hombres donde deben erigirse los baluartes de la Paz".

Ya que realmente somos seres de Amor y de Paz, sólo hemos de *recordarlo*, por lo que me gusta terminar la frase anterior de otra forma: "*... es en la mente y en los corazones de los hombres donde están las Semillas de la Paz. Sólo hay que Regarlas para que florezcan.*"

La intención de este libro es la de convertirse en un lugar donde encuentres *momentos especiales*. También donde puedas descubrir alguna creencia de la que no eras consciente, quizás en alguna respuesta que te llegue, tras tu reflexión a alguna pregunta...

Lo puedes leer de muchas maneras. Si lo lees de seguido, te puede servir como distracción. Lo puedes leer pausadamente, reflexionando sobre algo que te pueda haber llamado la atención, haciendo momentos de silencio, escuchándote.

Después de cada frase introductoria, de cada historia o, en cualquier instante, cuando sientas una *emoción positiva*, como Paz Interior, Amor, Alegría ... deja de leer, cierra los ojos, quédate en silencio y disfruta ese *Momento Rey*, en el que estarás conectado con tu Ser. Procura mantener esa conexión todo el tiempo que te sea posible, ten en cuenta que tanto el Amor Incondicional, como la Paz Profunda o, una Intensa Alegría, son mucho más que emociones, son estados del Ser.

De lo que se trata es de estar continuamente regando las Semillas de Amor y de Paz que cada uno Es. No sólo leyendo lo que nos hace sentir bien, asistiendo a seminarios, sesiones de yoga, o meditando, entre otras cosas. Todo eso está muy bien pero no es suficiente. Es preciso actuar, practicar, y hay que hacerlo en nuestra vida diaria, todos los días, a todas horas; en nuestras relaciones con todos y con todo, siendo conscientes de la tremenda influencia que tiene todo lo que decimos, hacemos, pensamos y sentimos. Así, siempre lo haremos de la mejor forma posible y así es, cuando nos sale del Corazón, desde nuestro Ser, en lugar de nuestra mente. La clave, siempre, es el Amor.

Cuantas más veces al día "Reguemos nuestra Alma" y nos sintamos en Paz, más se irá convirtiendo esto en una *norma* en nuestra vida. Y casi sin darnos cuenta, comenzará nuestra transformación interior. Con ella vendrá la exterior, irradiando Paz a nuestro alrededor, a nuestros seres más cercanos. Y con plena seguridad, se expandirá a gran velocidad, "contagiando" todo lo que toque. Y cuando seamos muchos sintiéndonos cada vez mas en Paz con nosotros mismos, casi sin darnos cuenta, el mundo entero habrá cambiado.

Notas: Algunas historias tienen su origen en cuentos zen. Si encuentras alguna palabra o frase que no sepas interpretar o no estás conforme con su significado, por favor, no le des importancia, es preferible que *sientas con el corazón*, a que leas con la mente.

*Cuando hay una tormenta los pajaritos se esconden
pero las águilas vuelan más alto.*
GANDHI

LA DETERMINACIÓN DE SILVIA

Silvia era una niña de la calle. Nacida en plena favela, había pasado la mayor parte de su corta vida ganándose el pan para poder ayudar a su madre a mantener a sus cuatro hermanos pequeños. Había trabajado en casi todo tipo de empleos en los que una niña como ella podría trabajar. Tuvo que afrontar grandes adversidades, pero finalmente encontró un hueco en una panadería, donde su función era entregar el pan a domicilio. Para ello se servía de una vieja bicicleta, la única herencia que le había podido dejar su difunto padre.

La chica era muy trabajadora y compensaba con creces su corta edad con el entusiasmo que ponía día a día en su labor. Esto no hacía que ella pudiera conseguir ascenso alguno en un negocio que no daba para más, pero Silvia tenía suficiente para sacar adelante a su humilde familia. Así, pasó varios años completando los envíos que su jefe le pedía.

Ocurrió que un día, el dueño de la panadería decidió jubilarse y entregarle el negocio a uno de sus hijos. Éste era un joven emprendedor, fanático de las nuevas técnicas empresariales y del marketing. Tenía un ambicioso proyecto para la panadería, que incluía cambios sensibles en todas las parcelas, incluida la del reparto.

—Muy bien, Silvia —le dijo a la joven—. Estamos muy satisfechos contigo, pero lo que has estado haciendo hasta ahora se queda un poco corto. En adelante, además de hacer el reparto, deberás llevar un diario donde apuntarás la cantidad entregada, el lugar, la hora, si ha habido algún error y cuál ha sido. Con los datos de ese diario tendrás que realizar un informe mensual detallado donde todo quede bien explicado.

–Creo que eso no va a ser posible, señor –contestó ella abrumada–. Yo nunca he ido a la escuela porque siempre he tenido que trabajar para ayudar a mi mamá.

El nuevo jefe la inspeccionó por lo alto torciendo el gesto.

–Pero esto es algo que hay que hacer a partir de ahora –se reafirmó.

–Yo no puedo, señor –tartamudeó ella.

–Entonces tendrás que abandonar la panadería.

–Pero, señor, no me puede despedir –rogó ella–. Llevo años trabajando para su padre. Este trabajo es todo lo que tengo para ayudar en mi casa.

–Lo siento mucho, chica, pero si no sabes leer ni escribir no me sirves de nada. Eres joven, encontrarás alguna otra cosa.

Silvia intentó convencer a aquel hombre como pudo, pero no logró hacerle cambiar de opinión. Así, después de haber estado todo el tiempo sin preocuparse por el empleo, sabiendo que tenía una cantidad suficiente asegurada, ahora se encontraba sin nada. Sintió que el cielo se arrugaba y se le derrumbaba encima. Sabía que no podía volver a casa y decirle a su madre que ya no podría darle más dinero, así que buscó trabajo por su cuenta.

Pasó todo el día recorriendo la favela de arriba a abajo sin suerte. Desesperada y angustiada ante la idea de no tener nada con lo que dar de desayunar al día siguiente a sus hermanitos, decidió vender la bicicleta. Era consciente de que ninguno de sus vecinos podría darle por ella tanto dinero como en el barrio más cercano de la ciudad. Allá se encaminó con triste andar.

La favela era enorme, llena de callejuelas intrincadas que daban la vuelta a la colina cientos de veces. Allí vivían miles de personas, pero en realidad todos se conocían y las noticias volaban. De ese modo, la nieta de una vecina muy anciana la paró y le dijo:

—Silvia, mi abuela me ha dado estas monedas para que le compre lentejas en la ciudad. Me he enterado de que vas hacia allá y te pido que las compres tú y se las lleves. Me ha dicho que me quede con la vuelta, te la puedes quedar tú.

Silvia aceptó el encargo con una sonrisa. A los pocos metros, otra vecina también la paró.

—Oye, que necesito medicinas, y como me he enterado de que vas a la ciudad, te quiero pedir que me traigas anti-inflamatorios. Lo haría yo, pero es que me duele muchísimo la rodilla. Te puedes quedar con el cambio.

Silvia también aceptó sin problemas a esto, y a otros cuatro encargos que recibió por parte de amigos de la favela. La chica se apresuró a hacer los recados que le mandaron antes de que cerrasen los comercios. Lo consiguió por poco, pero no fue lo suficientemente rápida como para vender la bici. Entonces se volvió a casa con la intención de acudir a la ciudad al día siguiente para sacar lo que pudiera sin falta.

Entonces la historia se repitió. Se había extendido el rumor de que Silvia volvía a bajar a la ciudad, y muchos otros vecinos acudieron a ella para que le hiciera mandados. Fueron tantos que cuando los hubo terminado todos, volvió a quedarse sin tiempo de vender la bicicleta. Pero ésta era una idea que ya había abandonado, pues con lo que sacaba de las vueltas de los encargos, tenía suficiente para darle a su madre y que ésta pudiera alimentar a sus hermanos.

Silvia se empleó con energía en realizar estos recados para sus vecinos, pero en esta ocasión, habiendo aprendido de lo que le ocurrió cuando se acomodó en la panadería, decidió ir un poco más allá. Se encargó de comprar más cosas, especialmente aquellas de primera necesidad que no se podían encontrar en la favela y que sabía que podría vender. Vendía los productos en su propia chabola, y sus vecinos ya sólo tenían que ir allí para conseguir lo que les fuera haciendo falta.

Fruta, verdura, tornillos, tuercas, pilas, artículos de cocina, cualquier cosa se vendía en la chabola de Silvia. Su fortuito negocio fue tan bien, que pudo comprar la chabola de al lado y montar su propia tienda. Esto no la detuvo, sino que siguió y siguió trabajando, expandiendo su pequeña empresa, lo que la llevó a contratar a su madre y hermanos primero, y a otros hombres y mujeres después. Abrió otras tiendas por la favela, dando en poco tiempo el salto a la ciudad. En diez años de abnegado esfuerzo, Silvia se convirtió en la persona más rica de la favela, y una de las más importantes de toda la ciudad.

Ella no olvidaba sus orígenes humildes y, pese a la dureza del mercado seguía conservando su gran corazón. Por ello decidió pagar de su bolsillo una serie de escuelas para que los niños pobres de la favela tuvieran mejores oportunidades. En la ceremonia de inauguración de la primera de ellas, el alcalde y sus consejeros le hicieron descubrir una placa donde se reconocía la labor altruista de la empresaria. Entonces Silvia, confesó despreocupada al alcalde que hacía muy poco que había aprendido a leer y a escribir.

–¿Cómo es posible que usted, que ha sido capaz de levantar un verdadero imperio empresarial, no supiera ni leer ni escribir? –preguntó el alcalde no falto de soberbia–. ¿Adónde habría llegado usted si hubiera sabido leer y escribir?

–Pues posiblemente, sería repartidora de pan –contestó con una bella sonrisa.

––––––––––

Ante los retos que te pone la vida, ¿cual es tu actitud?

Nada en la vida debe ser temido, solamente comprendido.
Ahora, es hora de comprender más, para temer menos.
MARIE CURIE

¿DONDE ESTÁ LA CRISIS?

En un pequeño pueblo, cerca de una carretera nacional, vivía un modesto empresario dedicado a la fabricación y venta de postres artesanales. Estaba siempre ocupado con su trabajo, por lo que no tenía tiempo de oír la radio, ni ver la televisión, ni leer periódicos. Por otro lado, lo que decían las noticias no le interesaba demasiado, ya que nunca decían nada sobre postres artesanales y él, estaba centrado al 100% en su negocio.

Absorto en sus quehaceres y pensando en lo que podía hacer para aumentar sus ventas, se le ocurrió alquilar un trozo de terreno anexo a su casa donde colocó una gran valla, que se veía desde la carretera y donde anunciaba su mercancía:

"Compren deliciosos postres artesanales", decía en letras muy grandes.

Los coches, de vuelta a la ciudad, comenzaron a pararse y a llevarse sus productos, por lo que su clientela empezó a subir como la espuma. Por ello, aumentó la adquisición de ingredientes de primera calidad, contrató a varias personas, compró un terreno más grande y aumentó el tamaño de sus cocinas. Los clientes seguían aumentando, por lo que un día le pidió a su hijo que no acudiera a clase para que viniera a echarle una mano. El joven, que estudiaba Empresariales, le dijo:

–Papá, ¿pero no ves la televisión, ni lees los periódicos? Estamos sufriendo una grave crisis. La situación es realmente mala y va a ponerse mucho peor.

El padre, alarmado por estas noticias, pensó:

"Mi hijo es muy inteligente. Estudia en la Universidad, está en el mundo y conoce lo que pasa en la calle. Seguro que sabe lo que dice."

La reacción del repostero no se hizo esperar. Frenó en seco los planes de expansión de su negocio, bajó el sueldo a sus empleados, empezó a comprar ingredientes de peor calidad, y dejó de anunciarse. Los clientes dejaron de aumentar, e incluso, poco a poco, empezaron a disminuir. Al cabo de unos meses, sus ingresos habían descendido tanto que tuvo que despedir a varios trabajadores, comprar aún peores ingredientes, y volver a la antigua y reducida cocina de su casa. En menos de un año, ni eso le daba lo suficiente para sobrevivir.

–Que razón tenías –le confió a su hijo un día mientras tomaban café–. Estamos sufriendo una gran crisis.

Todo depende de nosotros. Si nos programamos para fracasar, fracasaremos. Si nos mentalizamos para ganar, ganaremos. Es una elección personal que hemos de tomar. En estos tiempos nuevos, distintos y apasionantes, podemos seguir la tendencia general o buscar nuestras propias oportunidades que están esperándonos. Ante cualquier situación que te traiga la vida (le puedes llamar crisis, si quieres) pregúntate siempre ¿para qué?, en lugar de ¿porqué me pasa esto a mí?

Reacciona, sé el actor de tu vida, en lugar de esclavo de las circunstancias.

¿Sabes para qué estás programado?

> *Piensa sólo en aquellas cosas que están en línea*
> *con tus principios y que pueden soportar la luz del día.*
> *El contenido de tu carácter es tu elección.*
> *Día a día, lo que elijas, lo que pienses y lo que hagas*
> *será aquello en lo que te conviertas.*
> *Tu integridad es tu destino.*
> *Es la luz que guía tu camino.*
> HERÁCLITO

¿CÓMO SON LOS TRABAJADORES DE ESTA EMPRESA?

Una de las primeras cosas que Ana aprendió al entrar a trabajar en el departamento de Recursos Humanos de una gran multinacional, fue que siempre había algo que hacer.

Hoy tocaba realizar entrevistas. Desde que Eduardo, el encargado de realizar nuevas contrataciones, le presentase al candidato, ella no debía abrir la boca; sólo mirar, escuchar y aprender.

Ana pronto se fijó en la capacidad de atención que Eduardo –llámame Edu, le había dicho cuando empezaron a colaborar a primera hora de la mañana– desplegaba con cada uno de los entrevistados. Estaba atento a cada detalle, más allá de lo que pudiera decirle el candidato. Su tono de voz, el tiempo que tardaba en reaccionar, el movimiento de sus manos al expresarse, la postura con la que se sentaba, incluso cosas mínimas como la frecuencia de parpadeos o la respiración. Ese despliegue de lenguaje no verbal le daba toda la información que él necesitaba. Por lo demás, las entrevistas eran calcadas unas a las otras, con las mismas preguntas e idéntica duración –más bien cortas–.

Lo que más llamaba la atención de Ana, era que siempre había una singular última pregunta que repetía cuando ya pensaba que habían terminado. Cogía desprevenidos a los entrevistados sin excepción:

–¿Te gustaría conocer cómo es el ambiente de trabajo, cómo son los compañeros, con los que vas a colaborar?

Tras esta última cuestión, oscilando entre la precaución y la curiosidad, los candidatos solían responder, *claro que sí*, y a continuación preguntaban:

–¿Cómo son los compañeros de trabajo?

–¿Cómo eran los compañeros de tu anterior trabajo? –preguntaba de forma automática Edu.

Las contestaciones que daban los entrevistados eran diversas, pero se podían clasificar en dos grandes grupos. Las, digamos, negativas:

–Eran egoístas, flojos, incompetentes, no te podías fiar de ellos, estaba loco por perderlos de vista.

Y las, digamos, positivas:

–Era un magnífico grupo de personas, honestas, trabajadoras, enseguida hacía amistades con todos ellos, me costó mucho dejarlos.

A lo que Eduardo, indiferentemente contestaba:

–Es curioso, ya que los compañeros aquí son exactamente iguales.

Esto, contrariaba a los primeros y encandilaba a los segundos, pero a Ana, que había tenido la ocasión de presenciar todas las entrevistas, le pareció de lo más extraño. Cuando ya no quedaban más candidatos, la joven preguntó intrigada:

–¿Cómo puede ser que digas lo mismo a los que han dado respuestas tan distintas?

A lo que Edu respondió con una sonrisa:

–Cada cual encuentra en su vida, y también en su trabajo, lo que lleva en su corazón. Aquel que no encontró nada bueno en los compañeros de los trabajos donde estuvo, no podrá encontrar otra cosa distinta aquí. Por el contrario, el que encontró amigos y buenas personas por donde pasó, también los encontrará aquí.

Ana no encontró palabras para replicar lo que su nuevo jefe le decía. Pero mayor aún fue su perplejidad cuando Edu terminó de hablar:

–Quienes hablan bien de sus antiguos compañeros de trabajo, están hablando bien de ellos mismos.

¿Qué encuentras en tu vida?

Toda la Creación existe en ti y todo lo que hay en ti
existe también en la Creación.
No hay divisoria entre tú y un objeto que esté muy cerca de ti,
como tampoco hay distancia entre tú y los objetos lejanos.
Todas las cosas, las más pequeñas y las más grandes,
las más bajas y las más altas, están en ti y son de tu misma condición.
Un solo átomo contiene todos los elementos de la Tierra.
Un solo movimiento del espíritu contiene todas las leyes de la vida.
En una sola gota de agua se encuentra el secreto del inmenso océano.
KAHLIL GIBRÁN

LA CASA DE LOS PORTENTOS

La "Casa de los Portentos" era muy famosa entre los habitantes de la ciudad. En realidad se trataba de un viejo caserón que coronaba una loma solitaria. En cierto modo, daría miedo a aquellos visitantes que pasaran por allí y no supieran que entre sus paredes tenían lugar los espectáculos más increíbles. Magia, contorsionismo, lanzamiento de cuchillos, funambulismo, acrobacias imposibles, escapismo, juegos malabares y un largo etcétera. No faltaba incluso quien decía que había presenciado allí shows de doma de animales salvajes, pero esa era una de entre las muchas leyendas que circulaban de aquel misterioso circo permanente.

No es de extrañar que para dos adolescentes como Pablo y Sergio, entrar a trabajar allí fuera un sueño hecho realidad. Aunque pronto se les bajó la euforia, pues en principio, su cometido se reducía únicamente a la digna pero poco glamurosa, tarea de la limpieza del recinto. Esto resultó ser más que difícil, agotador. La casa tenía cientos de recovecos, pasadizos y rincones ocultos donde parecía que no había llegado una fregona en siglos. Los dos muchachos empeñaban más de seis horas cada día bregando con la suciedad, pero ante su desesperación, aquello nunca terminaba de verse limpio del todo.

Sergio opinaba que trabajar de aquella forma en tan ingrato cometido, ya se tratase de la "Casa de los Portentos", o del mismísimo Palacio Real, no merecía la pena. Abogaba por dejarlo todo y buscar un empleo mejor. Sin embargo, Pablo, el más optimista y vital de los dos, siempre encontraba un argumento para convencerle de lo contrario. Le decía que tuviera paciencia, que pronto ellos dos formarían parte del equipo de artistas y por ello serían invitados a sus fiestas. Sergio siempre le respondía a su amigo que estaba chiflado, pero terminaba aceptando seguir un día más.

Una tarde, armados con paños y plumeros, los chicos se adentraron en el siempre enigmático ático. De todos los mitos que rodeaban a aquella casa, los más oscuros pertenecían al piso de arriba. Pablo y Sergio lo sabían, por lo que agudizaron sus sentidos al máximo.

–Empieza por esa habitación de ahí –indicó Pablo–. Yo iré quitando el polvo a estos estantes.

–Sí, mi general –replicó Sergio con sorna.

Sergio accionó el picaporte de la puerta que, tras emitir un crujido, se fue abriendo despacio. Allí dentro no había luz, por lo que el muchacho se adentró poco a poco, conteniendo el aliento. De repente, con un escalofrío que le recorrió la espalda traicioneramente, una luz, sólo un destello fugaz surgido de ningún sitio, iluminó la estancia. Sergio dio un alarido, y abandonó el lugar tan rápido como le permitieron sus pies.

–¿Qué ocurre? –le preguntó Pablo.

—¡Esa habitación! —exclamó su amigo aterrado—. He visto la cosa más horrible ahí dentro.

—¿Había una fiera salvaje?

—¡Peor! Cientos de ojos malvados me miraban fijamente, amenazadores. Ha sido espantoso.

—No puede ser tan malo —le comentó Pablo intentando calmarle—. Voy a echar un vistazo.

Pablo desoyó las advertencias de su aterrado amigo y entró en la habitación. Pasó un minuto, dos, y finalmente el joven volvió a aparecer por la puerta. Su rostro estaba en calma y a él se le veía feliz. Extrañado, Sergio le preguntó de inmediato:

—¿Qué ha pasado? ¿No estaban los ojos amenazadores?

—En absoluto —contestó Pablo—. No pude verlo bien porque todo estaba oscuro y sólo se iluminó por un segundo. Había unos ojos, sí, cientos de ellos, pero me miraban amigables, relajados, con un brillo de comprensión que me dio calor. Luego desaparecieron tranquilamente.

Contrariado, Sergio le siguió preguntando, extrañado por cómo su amigo pudo tener una experiencia tan opuesta a la suya. Pablo no supo darle respuesta más allá de lo que vio.

—Bajemos a tomar algo —propuso Pablo pasándole el brazo por encima del hombro a su amigo.

Y así, ambos abandonaron el ático, sin reparar en que, sobre el quicio de aquella puerta, había un cartel que decía: *La sala de los espejos.*

———————————————

¿Qué cara le pones a la vida?

El amor es la única respuesta duradera a nuestros problemas humanos.
No lo dividáis artificialmente en amor a Dios y amor al hombre.
Solamente hay amor, pero el amor está cercado por diversas barreras.
La compasión, el perdón, la generosidad y la bondad
no pueden existir si no hay amor.
Sin amor, todas las virtudes llegan a ser crueles y destructivas.
KRISHNAMURTI

MEMORIZANDO EL CAMINO

El día había amanecido huérfano de un sol que remoloneaba tras la densa capa de nubes. El niño estaba sentado en el asiento de atrás, solo, prácticamente inmovilizado entre el abrigo de paño que vestía y el cinturón de seguridad. Desde su posición apenas podía ver nada: los cristales estaban empañados y los respaldos de los asientos delanteros ascendían ante sus ojos como dos grandes edificios de tela oscura. Al poco se abrieron las puertas delanteras, por turnos, entrando primero la madre en la derecha, y el padre en la izquierda. No cruzaron palabra, ni siquiera se miraron. Pasaron unos instantes en los que dejaron que el débil repiqueteo de la lluvia sonase sobre la capota, antes de poner en marcha el motor.

–¿Y el abuelo? –preguntó el niño al momento.

La respuesta se demoró en llegar.

–El abuelo estaba muy mayor –respondió la madre con un eco de inseguridad.

No añadió nada más. La contestación resultó del todo insuficiente para el niño, que con los ojos abiertos como platos seguía exigiendo una explicación.

–Venía con nosotros en el coche –retomó la palabra el pequeño–. Luego salisteis los tres. Me dijisteis que esperase mientras ibais a hacer algo. Ahora habéis vuelto sin él. ¿Dónde está?

De nuevo, el silencio.

–Se ha quedado en su nueva casa –dijo al fin el padre.

–¿Qué?

–Ese sitio de donde venimos es una residencia donde vivirá con otros como él. Estará bien.

El niño no comprendía nada de lo que estaba escuchando. Estaba agitado. Meneaba la cabeza y las manos de un lado a otro mientras trataba de hacerse a la nueva realidad.

–El abuelo necesitaba cuidados –explicó la madre.

–Yo creí que tú se los dabas –replicó el niño.

–Sí, pero con el trabajo y con llevar la casa no doy abasto. También estás tú.

–Pero yo no seré un problema, mamá. Prefiero que no me dediques tanto tiempo para que puedas cuidarle a él. Es más, te ayudaré a hacerlo.

–No es tan simple –respondió ella–. El abuelo necesita ropa, medicinas, comida. Es muy caro y no nos lo podemos permitir.

El niño, cuanto más escuchaba menos parecía comprender.

–Comeré menos –propuso él con los ojos empapados en lágrimas–. Comeré la mitad, así podréis darle la otra parte a él.

–No y mil veces no –intervino el padre–. Tú vas a seguir comiendo como siempre, y el abuelo se va a quedar en la residencia, su nuevo hogar donde estará muy bien. Se acabó.

El niño se quedó callado, invadido por la tristeza. No quería volver a hablar por respeto a su padre. Sin embargo empezó a levantarse para mirar por el cristal trasero. La madre, al ver que pasaba un rato y el niño seguía con la misma y obstinada actitud, le dijo:

–Ni él va a aparecer detrás de nosotros, ni vamos a volver a por él. Es algo que es mejor que vayas asumiendo.

–¡No lo entiendes! –respondió el pequeño apenado–. Estoy memorizando el camino para cuando os tenga que traer a este lugar, cuando seáis mayores.

Al oír estas palabras el coche frenó de golpe. Hubo un silencio que pareció eterno.

–Te ruego que nos perdones –dijo al fin el padre con los ojos llenos de lágrimas, al igual que los de su madre–, ambos se miraron y asintieron. No nos hemos dado cuenta de lo que estamos haciendo. No sé qué ha sido, pero la mala situación económica nos ha cerrado el alma. Ahora mismo damos la vuelta, recogemos al abuelo y lo vamos a cuidar, entre todos, para que sus últimos años los viva como se merece, con sus seres queridos y aunque no tengamos mucho dinero, te garantizo que le daremos todo nuestro amor. Gracias hijo, por ayudarnos a darnos cuenta del tremendo error que estábamos a punto de cometer.

¿Cuánto Amor eres capaz de poner en tus decisiones?

> *La última de las libertades humanas es elegir nuestra*
> *actitud en medio de cualquier circunstancia dada.*
> *Uno es su propio camino.*
> VIKTOR FRANKL

¿ME ECHAS UNA MANO?

La gran compañía, líder del sector durante lustros, con sedes en varias ciudades de diferentes países a un lado y a otro del Atlántico, que contaba con miles de trabajadores hasta hacía un par de años, se resistía a caer. Sus directivos no habían sabido prever los últimos eventos que sacudieron al mercado internacional, y ahora pugnaba, con más pena que gloria, por no desaparecer. Los severos planes de ajuste no estaban dando los resultados esperados. Se redujeron sueldos y aumentaron jornadas laborales, hubo recortes de gastos en todos los departamentos, y finalmente recurrieron a los despidos. Sin embargo, los directivos de la compañía seguían viendo preocupados cómo su negocio se iba a pique.

–Hola, Jorge, ¿cómo vas? –preguntó Alicia.

–Liado –contestó Jorge sin dirigirle la mirada a su compañera.

No veía que ésta cargaba mal que bien con una caja de cartón por la que sobresalían archivadores atestados de impresos. La mujer dejó el bulto sobre su escritorio de un golpe que, por sonoro que fue, no bastó para desviar la atención de Jorge de la pantalla de su ordenador. Alicia se estiró emitiendo un quejido, y al ver que esto tampoco conseguía hacer que Jorge le hiciera caso, tosió. Nada de nada.

–Necesito que me hagas un favor –terminó por decir ella a sus espaldas.

No recibió respuesta, aunque sí pudo ver de refilón cómo su compañero levantaba una ceja en un gesto que podría interpretarse, siendo generoso, como receptivo.

–Dime –terminó por contestar de mala gana.

–Me han asignado nuevas tareas. Proceden de otro departamento que ya no da abasto. Y yo voy con bastante retraso para lo que ya tenía que hacer antes. Necesito ayuda –dijo Alicia atropellándose.

–No puedo ayudarte –respondió Jorge tras encogerse de hombros.

–Por favor, Jorge. Sé que tú llevas bien estos asuntos y que tienes el trabajo al día –volvió ella–. Sólo necesito que me eches una mano. Será media tarde nada más.

–Yo también tengo cosas que hacer, Alicia. Y podría ayudarte, sí, pero eso a lo mejor hace que yo vaya mañana con tarea atrasada y, sinceramente, es algo que no quiero que ocurra.

–Pero si no tengo esto listo me despedirán –imploró ella.

–Lo siento mucho –contestó Jorge sin ni siquiera volverse.

La conversación terminó ahí y ya no volvieron a hablar entre ellos en lo que restaba de jornada. Al día siguiente, cuando Jorge llegó a la oficina, la silla de Alicia estaba vacía, y de su mesa habían desaparecido las fotos, plantas y demás efectos personales. Jorge comprendió en seguida, pero antes de permitir que le afloraran los remordimientos, se encogió de hombros y se dispuso a encender su ordenador.

Al poco de empezar, cuando todavía no se había terminado de tomar el primer café de la mañana, llegó el coordinador de su grupo con paso solemne y mirada altiva. Cargaba una caja donde sobresalían archivadores atestados de impresos. La reconoció enseguida. Debía de ser muy pesada, ya que cuando el coordinador la dejó caer sobre la mesa, todo tembló.

–¿Qué ocurre? –preguntó Jorge resistiéndose a comprender.

–Ha habido una nueva reestructuración –anunció su superior–. Tendrás que encargarte de todos estos informes y lo queremos para mañana por la mañana, sin falta.

Jorge fue a decir algo para protestar, pero el coordinador se fue con la misma velocidad con la que había llegado. Comprendió cómo funcionaban allí las cosas y lo inútil que resultaría decir algo. Se echó las manos a la cabeza. Era imposible hacer sus tareas y, además, terminar todo para el día siguiente, por lo que sin duda correría la misma suerte que Alicia.

–¡Que mal me he comportado con mi compañera y conmigo mismo –se lamentó–. Si ayer le hubiera echado una mano, ella conservaría su puesto de trabajo, y ahora no correría riesgo el mío.

––––––––

Recogemos lo que sembramos.
¿Ayudas desinteresadamente sin que siquiera te lo pidan?

La fuerza reside en las diferencias,
no en las similitudes.
STEPHEN COVEY

COMPARTIENDO

–Buenas tardes a toda la audiencia de Radio El Cultural, les saluda Julia Gálvez, informando desde el recinto de la XXV edición de la Feria del Libro Artesanal. A mi espalda se encuentra la caseta de Libreros Torrealta, cooperativa que se ha alzado con el premio al mejor libro del año, entregado por la asociación de libreros que organiza la feria. Con el de este año, Libreros Torrealta se ha hecho con la friolera de doce primeros premios, líderes indiscutibles en el palmarés de este evento con tanta solera. Conmigo se encuentra Manuel Torrealta, director de la cooperativa y maestro librero. Buenas tardes Manuel.

–Buenas tardes.

–¿Contento?

–Desde luego.

–Aunque ya debe de estar acostumbrado, ¿no?

–Afortunadamente sí, aunque cada año hay nuevos retos y siempre es especial.

–Son ya muchos premios. ¿Qué cree que ha hecho que su propuesta de libro se haya alzado vencedor este año?

–Bueno, llevamos varios años desechando utilizar materiales industriales, químicos, que resultan tóxicos para el medio ambiente y los trabajadores, y a la larga, también para los usuarios. Estamos apostando por lo natural, y dentro de ello, por el material reciclado. Nos ha costado, pero hemos alcanzado un producto de muy alta calidad y cuyo precio se puede permitir cualquier bolsillo.

–¿Cómo lo hace para que un libro, en principio, más caro por ser reciclado, pueda ser tan económico?

–Es un proceso que comenzó hace mucho tiempo. Le explico, somos una cooperativa pequeñita de tradición familiar. Esto no ha impedido que evolucionemos y nos nutramos al 100% de energías renovables. También los materiales son sacados de otras cooperativas que los trabajan de forma artesanal y sin productos químicos. Todo esto, que en un principio resultó una inversión muy costosa, con mucho esfuerzo se ha ido rentabilizando. Además, como nuestro sistema horizontal hace que los gastos y las ganancias se repartan equitativamente entre todos los trabajadores, nos ahorramos problemas como sobresueldos, primas a ejecutivos, o gastos a intermediarios que, francamente, consideramos que no sirven para nada.

–Y a parte de esto ¿tiene algún secreto para hacer tan buenos libros?

–Básicamente la organización es todo. Luego viene el trabajo de investigación y desarrollo del producto, que consume gran parte de nuestros esfuerzos. Eso sí, cada vez que llegamos a alguna conclusión o descubrimiento relevante, lo publicamos en el diario de la Asociación de Libreros para que esté al alcance de todos.

–¿Quiere decir que comparten sus descubrimientos con la competencia?

–Nosotros no los vemos como competencia. Sólo son colegas que tratan de ganarse la vida limpiamente en nuestro mismo gremio. El que compartamos nuestros secretos con ellos les hace mejorar, y esto es un impulso para mejorar nosotros también y seguir ahí, esforzándonos al máximo año tras año, por sacar lo mejor de cada uno de nosotros.

–¿Pero no ha pensado que si guardasen sus secretos podría tal vez ganar el primer premio todos los años?

–Puede ser. Pero si lo ganásemos nosotros todos los años, no habría tantos libreros en la feria, bajando así el interés de la gente, lo que haría que el número de visitantes cayera en picado. ¿No ha pensado que de ser así esta feria jamás hubiera llegado a su XXV edición?

¿Crees que la vida está hecha para competir o para compartir?

La espiritualidad es una experiencia íntima,
personal, que para que evolucione
de conocimiento a consciencia,
hay que practicar a cada instante de nuestra vida.
ENRIQUE ÁLVAREZ

¡QUIERO HACERLE LO MISMO A ÉL!

–¡Papá! –chilló la niña.

–Dime, princesa –contestó el padre calmado.

–Juan se llevó mis muñecas mientras yo no estaba.

–Dile que te las devuelva.

–¡No! –replicó la niña a voz en grito, con la cara muy colorada y las venas del cuello haciéndose gordas como cables–. Juan les ha quitado la ropa y les ha cortado el pelo. ¡A todas! ¡Ahora están muy feas!

La niña comenzó a llorar desconsoladamente, intercalando el llanto con patadas en el suelo que la hacían estremecerse toda ella. Si el padre no supiera que su hija era una niña normal, podría parecer que se iba a transformar en un cohete a punto de despegar hacia la Luna.

–Iré a hablar con él para que te pida perdón –dijo el papá.

–¡No quiero que me pida perdón! –exclamó la pequeña furiosa–. Quiero tener mis muñecas bien otra vez. Y si no es posible, ¡quiero hacerle lo mismo a él!

El padre comprendió la situación y, lleno de amor por su pequeña, le puso una mano sobre la cabeza y le habló con dulzura.

–Muy bien –le dijo–, haremos lo que dices. Iremos a por él, le quitaremos la ropa y le cortaremos el pelo con las tijeras de cortar cartón. Pero primero quiero que tomes este billete, vayas a la plaza a por un helado, y te lo tomes sentada en un banco con toda la calma del mundo. Luego vuelve aquí.

La niña, todavía malhumorada, aceptó e hizo lo que su padre le dijo. Al cabo de un rato volvió.

–¿Quieres que vayamos a hacerle eso a Juan ahora? –preguntó el papá.

–No –respondió la niña después de habérselo pensado un poco–. Pero sí que quiero ir a insultarle y decirle "tonto de los palotes", que sé que le enfada y le pone triste.

El padre entrecerró los ojos y se tomó unos segundos antes de volver a tomar la palabra.

–Eso haremos –dijo–, pero como todavía hace demasiado calor, antes vamos a ver un capítulo de tu serie favorita.

La niña asintió y fue junto a su papá al salón a poner el DVD. Cuando terminaron, el padre volvió a preguntarle si quería continuar con su venganza.

–No –respondió la niña–. Pero sí que quiero que sus papás sepan lo que ha hecho y lo castiguen.

–Muy bien, será como desees. Pero antes, como todavía no ha pasado el calor y ya hemos hecho la digestión, ¿qué te parece si nos bañamos en la piscina?

La niña aceptó encantada. Fue a ponerse el bañador, agarrar un palo de goma-espuma y una pelota, e ir al encuentro de su papá. Estuvieron allí jugando por un buen rato, riendo y disfrutando el uno del otro. Al tiempo, el padre volvió a preguntarle por si planeaba seguir reprendiendo a Juan.

–No –respondió finalmente–. Ya no estoy enfadada con él. En realidad me gustaría invitarle a la piscina y que viniera a jugar con nosotros. Es mi mejor amigo.

—Eso es precisamente lo que quería que hicieras desde un principio —le confesó el padre lleno de amor—, pero no podía pedírtelo yo; era necesario darte tiempo para que lo descubrieras por ti misma.

———————

¿Crees que puede haber otra fórmula distinta al Ojo por Ojo?

> *Realmente el mejor regalo que podemos ofrecer*
> *al mundo es el de nuestra propia transformación.*
> Lao Tzu

CUIDADO CON CÓMO RESPONDEMOS

Julio estaba ciertamente preocupado. No en vano, había sido expulsado varias veces en lo que iba de temporada, y en el club ya estaban barajando distintas opciones para sancionarle. Él sabía que su comportamiento no venía siendo el adecuado, pues últimamente perdía los nervios con demasiada facilidad. Cuando esto ocurría, se lanzaba hacia algún rival con los pies por delante. Por suerte, no había causado aún ninguna lesión de gravedad, pero esto era algo que, de seguir así, no tardaría en llegar.

Sin embargo, Julio no era un hombre agresivo en absoluto. Sus amigos y familiares podían atestiguar lo grande que era su corazón y lo limpias que eran siempre sus intenciones. Sólo que era sacado de sus casillas por los jugadores contrarios de una forma ridículamente fácil –ya tenía fama de ello entre los miembros de los demás equipos de la liga–. Y ahora, esto podría costarle un castigo severo, incluso la expulsión del club. Aunque reconocía que era su responsabilidad, no veía cómo cambiar ese comportamiento.

Por suerte, Julio contaba con la ayuda de Inés, la psicóloga del equipo, que confiaba en él, y que suponía su última esperanza de recuperación.

–¿Voy a tener que someterme a tests médicos, exámenes de personalidad o cosas así? –preguntó Julio indeciso.

–Para nada –respondió Inés divertida–. Simplemente quiero que realices un ejercicio muy simple con la ayuda de este bote.

–¿Un bote de galletas saladas vacío? –preguntó él sorprendido y un tanto receloso–. ¿Cómo va a ayudarme eso?

–Muy simple –contestó la psicóloga–. Lo vas a colocar detrás de uno de los postes de la portería que defiendes. Cada vez que des una patada, o un empujón, o un codazo, o practiques cualquier tipo de agresión sobre un rival, debes acudir y meter en el bote una moneda de dos euros. Cuando sientas el impulso de hacer daño a alguno de los que te provoquen, y aunque no haya agresión, también deberás ir al bote. En esas ocasiones meterás una moneda de un euro. ¿Lo has entendido?

–Sí.

–Perfecto. Empezaremos con el primer entrenamiento de hoy.

En realidad Julio sólo había comprendido el concepto, el mecanismo de lo que debía hacer, pero no sabía con qué fin lo hacía. Menos aún cuando acabó el entrenamiento y había tenido que desembolsar nada menos que cincuenta y tres euros, casi todo en monedas de dos que, *muy amablemente* se encargó de cambiarle Ricardo, el encargado de la cafetería del club. Julio repitió procedimiento al día siguiente, y luego al siguiente, así hasta el día del partido. Seguía sufriendo sus ya famosos accesos de cólera, pero éstos eran cada vez menos frecuentes, y cuando llegaban, se disolvían con mayor velocidad.

Llegó el día en el que Julio había descubierto que le resultaba más sencillo –y económico– no sentirse ofendido que ir al poste, abrir la cartera y soltar la moneda en el bote. Así ya sólo echaba dinero en el bote muy de cuando en cuando. Entonces Inés le sugirió que, como recompensa, retirase una moneda por cada día que había sido capaz de templar sus ánimos por completo. De este modo, trabajando día tras día, llegó el momento en el que la calma de Julio era inabordable –ya le podían provocar lo que quisieran–, lo que terminó por vaciar el bote por completo.

–Has trabajado con ahínco, Julio –le dijo Inés–. Estoy muy orgullosa de ti. Pero mira debajo del bote.

Julio lo levantó sin esfuerzo, descubriendo que bajo él, el césped estaba amarillo, sin vida.

–La hierba que ha tenido que soportar el peso del bote durante todos estos meses ha muerto, y esta zona del campo no será la misma, hasta que se replante de nuevo. Con ello quiero decirte que cada vez que pierdes la paciencia, independientemente de si hay daño físico o no, dejas heridas que tardarán mucho en cicatrizar. Recuérdalo.

––––––––––––––

¿Ante una provocación, como respondes?

> *La ciencia es el arte de medir las partes del todo.*
> *La espiritualidad es el arte de descubrir el todo en cada parte.*
> ENRIQUE ÁLVAREZ

¿DÓNDE BUSCAMOS?

La expedición estaba por fin lista para partir. Habían sido largos meses de preparativos, de entrenamiento, de sacrificios, de mentalización. Y ahora, alrededor del fuego sagrado, se celebraba la ceremonia de despedida a los valientes voluntarios que deberían marchar al alba en busca de la Tierra Prometida.

–Regocijaos, hijos míos –dijo el sacerdote con los brazos abiertos y voz cavernosa–. Pues estamos muy cerca de nuestra meta.

Con su tocado de plumas y la capa de piel, el sacerdote era el enlace del poblado con la divinidad, aquél que guardaba la tradición, quien sabía interpretar las palabras de los dioses. En resumidas cuentas: el que sabía qué estaba bien y qué mal. Todos los presentes, niños, adultos y ancianos le observaban con reverencial atención.

–Hemos recorrido un largo camino para llegar hasta aquí, pero al fin lo hemos logrado –continuó–. Los dioses nos proveen de todos los dones que precisamos. El alimento, el agua, las vestiduras, todo lo que necesitamos lo tomamos de lo que la divinidad nos envía a nuestro valle. Sin embargo, la última promesa que hicieron a nuestros ancestros todavía no se ha cumplido. La Tierra Prometida, el paraíso terrenal aún no nos ha sido dado pese a que observamos escrupulosamente los ritos que heredamos. Por ese motivo consultamos con el oráculo y la respuesta nos fue dada. Debíamos organizar una expedición que atravesase los bosques y ríos de nuestro amado valle, y que, al llegar a las Montañas Nubosas, siguiera adelante hasta escalarlas, porque desde allí se vería la Tierra Prometida.

La audiencia no pudo contener un "¡ooooh!" de emoción al escuchar estas últimas palabras.

–Pero todavía no hemos logrado nuestro objetivo –prosiguió el sacerdote–. Estamos muy cerca, ya sólo queda un último empujón. Y por eso estamos despidiendo hoy a estos siete valientes jóvenes: quienes serán los que encuentren la ruta hacia las puertas del Paraíso.

Los miembros del equipo fueron agasajados uno a uno y en conjunto. Recibieron loas y bendiciones de todos sus vecinos allí congregados. Les dedicaron cánticos y bailes, recitaron poemas y bebieron hidromiel en su honor. Cuando salió el sol, los ecos de la fiesta hacía varias horas que habían dejado paso a la armonía del poblado, pero de la hoguera todavía humeaban los rescoldos. Así, en silencio, partió la expedición.

La primera parte del camino fue sencilla, pues conocían perfectamente el valle donde se habían criado. Lo difícil llegó con el segundo día, cuando tuvieron que afrontar los primeros desniveles de las Montañas Nubladas. La vegetación desapareció y las paredes rocosas se fueron haciendo más y más escarpadas. Pronto aparecieron las primeras complicaciones serias y la moral del grupo empezó a sufrir. No sabían que lo peor no había hecho más que empezar. Precipicios, bajas temperaturas, lluvia torrencial y animales hostiles, se convirtieron en sus improvisados y no bienvenidos compañeros de viaje. Así, mientras buscaban cómo seguir adelante, uno de ellos tuvo la mala fortuna de despeñarse. El desánimo se terminó por instaurar entre los expedicionarios.

Las condiciones se habían vuelto tan duras, y el camino hacia delante tan esquivo, que la tercera jornada la pasaron entera discutiendo qué hacer. No llegaron a ningún acuerdo: lo único que consiguieron fue enfadarse. Tres de ellos, hartos de la situación, decidieron darse media vuelta y deshacer el camino andado. De este modo, de los siete que partieron sólo quedaron tres.

Las calamidades no les abandonaron en los siguientes días, sino que se hicieron más intensas. Volvieron a surgir las dudas entre ellos y una vez más, discutieron. La meta la veían lejana; aquella misión comenzaba a perder su sentido. Sin embargo, decidieron darle una nueva oportunidad. Esto fue lo que les impulsó hasta la cima. Llorando, descubrieron que ya no había nada más sobre sus cabezas sino el inmenso azul del cielo. La maravillosa vista que aquella montaña les brindaba les cortó las respiración. Resultó que las Montañas Nubosas que rodeaban el valle eran en realidad los bordes de la caldera de un antiguo volcán apagado, situado justo en el centro de una isla. Desde allí, en todas direcciones no se veía a lo lejos más que océano.

—No puede ser —dijo uno de ellos cuando recuperó el aliento—. La Tierra Prometida no existe. ¡Era una ilusión!

—Las Palabras Sagradas mentían —expresó otro aún más horrorizado.

—Os equivocáis —intervino el tercero con una sonrisa incontenible en su rostro— Mirad allí.

Señalaba a sus espaldas, en dirección al valle de donde procedían. Los otros dos se miraron entre ellos pensando que su amigo se había vuelto loco.

—Ese es nuestro valle, ¿no te das cuenta?

—Exacto —respondió lleno de júbilo—. Es la anhelada Tierra Prometida, que sólo se puede ver desde lo más alto. Por fin la hemos encontrado.

–¡Tienes razón! –exclamó uno comprendiendo–. La hemos encontrado. Ahora debemos volver para decírselo a los demás.

–No nos creerán –repuso el tercero.

–Les indicaremos el camino y quien no se lo crea, que venga a comprobarlo con sus propios ojos.

Normalmente, buscamos fuera de nosotros lo que ya tenemos en nuestro interior, y para darnos cuenta de ello, hemos de pasar por una serie de experiencias, a veces muy duras, y alejarnos. Cuando tomamos consciencia, descubrimos que ya estamos completos, que no precisamos nada mas que, "reconocernos".

En lugar de descubrir nuevas tierras, el viaje mas apasionante es el que realizamos a nuestro Interior.

———————————

¿Te consideras un buscador?

Vuestros hijos no son vuestros. Podréis darle vuestro amor,
pero no vuestros pensamientos, porque tienen sus propios pensamientos.
Podréis albergar sus cuerpos, pero no sus almas.
Sois los arcos para que vuestros hijos, flechas vivientes,
se lancen al espacio. Que el doblamiento en manos del arquero
sea vuestra alegría; porque aquél que ama la flecha que vuela,
también ama el arco que no viaja.

KAHLIL GIBÁN

AYUDAR, ¿HASTA DÓNDE?

–¿Cómo ha ido la semana? –le preguntó la psicóloga tan pronto saludó a Víctor, al inicio de una nueva sesión.

–Bien –respondió Víctor sin pensar–. Bueno, mal en realidad.

La doctora Amalfi calló, era su forma de invitar a que siguiera hablando.

–Mi hijo Leo –prosiguió–: me tiene preocupado. Ha vuelto a meterse en líos con el negocio ese que lleva. Su socio, que es un *gualtrapa*.

–Leo era el que regentaba un bar, ¿verdad?

–Bueno, un bar no, un club estiloso en la zona de moda –corrigió él.

–Ya veo. ¿Y qué problema tiene?

–Su socio, que siempre anda metido en líos. Ahora resulta que no paga a sus distribuidores porque le debe dinero a otro tipo. Y no son deudas del negocio, son de juego.

–¿Y su hijo no tiene nada que ver en esta situación? –preguntó.

–¿Leo? –reaccionó el paciente como accionado por un resorte–. ¡Por supuesto que no! Él es un buen chico.

–No te digo que no, Víctor, sólo deseo que observes que no es la primera vez que su socio le mete en líos. Si él es tan malo y tu hijo tan bueno, ¿cómo es posible que sigan estando asociados?

–No me has estado escuchando lo que te he dicho, ¿verdad? –replicó Víctor enérgico–. Te he dicho que Leo es un buen chico y que la culpa la tiene ese socio suyo, punto final. Yo mismo he destinado miles, millones de horas en educarle para que no se meta en líos, para que sea un hombre de provecho y tenga un futuro.

–Es posible que en ese tiempo no le hayas ayudado tanto –sugirió la doctora Amalfi antes de ser interrumpida de nuevo.

–¿Me estás diciendo esto en serio? –dijo Víctor alzando algo la voz e inclinándose hacia su terapeuta–. Mira, desde que Leo era un moco le he estado ayudando, le he dado todo lo que me ha pedido y ha necesitado para salir adelante, sin importarme cómo de difícil sería para mí, o cuánto me iba a costar. ¿Te haces una idea de cuánto dinero he invertido en su colegio, viajes, su coche, la casa en la que ahora vive, y ahora ese maldito club? No, no lo sabes porque aunque tú también eres madre, parece que yo soy un marciano que es el único que ayuda a sus hijos.

La psicóloga tomó aire antes de contestar. No se sentía intimidada por la forma vehemente que tenía Víctor de expresarse, aunque ciertamente debería. Estaba acostumbrada a estos casos nada infrecuentes, donde la tensión crecía demasiado entre ellos. Entonces la sensación predominante en ella era la de impaciencia. Por eso volvió a recolocarse en su asiento antes de volver a hablar.

–Sí, has ayudado siempre a tus hijos, mucho más de lo que tu deber como padre te exigía. Es algo que te honra, pero darle ayuda material a los hijos no siempre causa el efecto deseado. Funciona para paliar carencias puntuales, pero no tiene grandes beneficios a la larga, llegando a ser incluso perjudicial en algunos casos.

–¿Perjudicial? ¿De qué me estás hablando ahora?

De nuevo la psicóloga tomó aire antes de hablar.

–¿No conoces la fábula del hombre que cedió su arrozal a su hijo?

–Pues claro que no ¿Y eso a qué viene?

–Escúchame. Había una vez un hombre que, pretendiendo darle más responsabilidades a su hijo, le cedió el cuidado de un arrozal durante tres años. El primer año hubo una buena cosecha, puesto que el joven había provisto del agua suficiente al arroz. Sin embargo, el padre le dijo que podría conseguir aún más. Al año siguiente, tal y como había anunciado el padre, tuvieron mejor cosecha, ya que el hijo había abonado en abundancia. Al tercer año, el joven, viendo los resultados del año anterior, decidió agregar aún más abono. Esto arruinó la cosecha.

Entonces la doctora se calló.

–¿Y esto qué quiere decir? –preguntó Víctor con el ceño fruncido.

–Significa que cuando ayudas un poco a alguien lo fortaleces, pero cuando lo ayudas demasiado, lo debilitas. Nuestra responsabilidad como padres no es solucionar todos los problemas de nuestros hijos: ellos deben aprender a resolver los problemas acordes con su edad, experimentando lo necesario para poder llegar a aprender de sus errores. Así, conforme van creciendo, se van haciendo poco a poco responsables en todos los aspectos de sus vidas, pasando de la dependencia a la independencia y más adelante, a la interdependencia. Este sería el más alto grado de realización al que podamos acceder como humanos, la de seres independientes actuando de forma conjunta/interdependiente para conseguir los objetivos que, entre todos, hemos decidido. Es nuestro deber como padres, enseñarles esta evolución.

¿En que fase estás; eres dependiente,
independiente ó interdependiente?

Lo esencial es invisible a los ojos.
Solo puedes ver lo que realmente importa con el corazón.
El Principito. Antoine de Saint-Exupéry

CUANDO ENCIENDES TU LUZ

Cuenta una leyenda, que una vez una serpiente empezó a perseguir a una luciérnaga. Esta huía rápida por el miedo a la feroz depredadora pero la serpiente no pensaba desistir.

Huyó un día, y ella no desistía, dos días y nada… En el tercer día, ya sin fuerzas, la luciérnaga paró y le dijo a la serpiente:

–¿Puedo hacerte tres preguntas?

–No acostumbro dar ese privilegio a nadie pero como te voy a devorar puedes preguntar…

–¿Pertenezco a tu cadena alimenticia?

–No –contestó la serpiente.

–¿Yo te hice algún mal?

–No –volvió a responder.

–Entonces, ¿Por qué quieres acabar conmigo?

–Porque no soporto verte brillar.

Cuando comienzas a Despertar/Recordar, es normal que la vida te traiga situaciones que podríamos calificar como desagradables –muy probablemente– desde personas muy cercanas a nosotros. Por ello nos preguntamos: "¿qué está pasando?, ahora que comienzo a ser consciente, a darme cuenta de qué va la vida, se pone todo cuesta arriba.

Sencillo: porque la Luz en la oscuridad, molesta, y algunos no soportan verte brillar. En realidad, lo que ocurre es que siguen anclados en el miedo. Les da miedo tu Luz.

Que hagan lo que quieran, es su elección y responsabilidad. Tú tienes la tuya.

Cuando esto pase y, si así lo escoges, no dejes de brillar. Continúa siendo tú mismo, sigue dando lo mejor de ti. Sigue haciendo todo lo mejor que puedas, siempre con Amor, con el inmenso Amor que interiormente sabes que eres. Solo tú puedes permitir que algo te afecte. Sigue brillando y nadie nunca podrá hacerte ningún daño porque tu Luz seguirá intacta. El que así lo decida, tendrá la oportunidad de aprender de ti, desprenderse de sus miedos y encender su propia Luz.

¿Cuánto y en qué circunstancias eres capaz de brillar?

Cada vez paso mas tiempo intentando mejorarme a mi mismo,
de esta forma cada vez tengo menos tiempo de criticar a los demás.
ENRIQUE ÁLVAREZ

LAS TRES TINAJAS

El día llegaba a su fin y, como siempre, los muchachos estaban agotados. Se habían despertado con el sol y hecho sus ejercicios. Luego habían asistido a cuatro horas de clases, comido, dormido una corta siesta, inmediatamente después se habían sentado una hora a meditar y luego, tras la merienda, habían ayudado a realizar las tareas del campamento; finalmente habían estado jugando hasta que llegó la hora de cenar. Todavía saboreaban las últimas piezas de fruta cuando se fueron sentando en círculo rodeando la hoguera que, una noche más, estaba lista para albergar la reunión de antes de ir a dormir.

Sentado como uno más alrededor de la lumbre, el maestro solía dar alguna charla sobre lo aprendido a lo largo del día, contar alguna historia y responder a las preguntas de sus siempre sagaces aprendices. En esta ocasión, para ayudar a abrir la mente de sus jóvenes discípulos, se decidió por plantearles una situación hipotética.

—Imaginaos que regentáis un mesón a las afueras de un precioso pueblo —dijo el maestro—. Un día, debido a las fuertes e intensas lluvias, el río que pasa cerca del pueblo se desborda y todo se inunda. Sabéis que por ello, todo lo que se guarda en el sótano, si no lo sacáis rápido, se echará a perder. Como dueños del mesón que sois, queréis salvar cuantas más cosas mejor.

Con esfuerzo vais subiendo objetos y cuando el agua os llega por la cintura, veis que ya casi todo lo que queda se va a perder. Entonces descubrís que habéis dejado ahí lo más valioso: tres tinajas como esa —y acto seguido señaló un enorme cántaro que usaban para guardar el agua recién sacada del pozo—. Son demasiado pesadas, y sólo tendríais tiempo de salvar una de ellas. ¿Cuál sería?

Tras lanzar la pregunta, sólo se escuchó el crepitar de la hoguera y el canto de algún grillo hasta que una chica levantó la mano. El maestro le hizo una seña para que hablase.

—¿Qué guardan esas tinajas? —preguntó.

Complacido, el maestro dio su contestación.

—La primera de ellas está llena de billetes, tantos que podría comprarse cualquier cosa con ellos, y por mucho que se gastase siempre habría suficiente para más. La segunda guarda un brebaje que otorga a quien lo bebe la eterna juventud. La tercera y última, contiene el elixir del amor en su estado más puro. Ahora decidme, ¿cuál de las tres elegiríais?

Los chicos fueron contestando según les llegaba el turno, razonando sus decisiones como mejor podían. Pero éstas, independientemente de los motivos, iban de salvar la tinaja con el brebaje de la eterna juventud a salvar la de los billetes, y de salvar los billetes a salvar el brebaje. Solo Lucía, la chica mas pequeña de todo el campamento, tenía una opinión distinta.

—Yo elijo sacar la tinaja que contiene el amor —dijo.

Los demás se burlaron de ella.

—Con el amor qué vas a comprar —se rió uno.

—No puedes arreglar todo lo que el agua se ha llevado, no puedes comprar nada —dijo otro.

El maestro levantó una mano cortando las risas y retomando la palabra.

–No se a qué vienen esas risitas –dijo–. Lucía es la única que ha elegido salvar la tinaja más valiosa. El amor incondicional es lo más valioso que existe en todo el Universo. Quien está lleno de amor impregnará de ese amor a todo lo que toque y a todos los que le rodeen. Da igual la situación que se viva, de escasez o de abundancia, siendo joven o anciano. Aunque aún sois muy jóvenes para entenderlo, lo único que al final cuenta es *cuánto* amor somos capaces de tener y de dar en cada instante de nuestra vida.

———————————

¿Cuál es tu tinaja más valiosa?

Si se desea desarrollar un espíritu en calma,
regúlese lo primero de todo,
la respiración; pues una vez ésta se halle controlada,
el corazón estará en Paz.
Cuando la respiración sea espasmódica, el corazón estará perturbado.
Así pues, antes de intentar nada, regúlese la respiración,
con lo que los nervios se verán suavizados y el espíritu hallará sosiego.
KARIBA EKKEN

MEDITANDO CON LA RESPIRACIÓN

MAESTRA: Hoy es tu primer día, vamos a aprender a meditar concentrándonos en la respiración. Para empezar, con unos 10 minutos diarios de práctica regular lograremos reducir el estrés, mejorar nuestra concentración y mantenernos en equilibrio tanto interno como externo. Comenzamos. Elige un cojín y siéntate en el suelo o, en una silla, pero de manera que las piernas te estabilicen y te permitan mantener la espalda recta. Esto último es muy importante, ya que mantendrá alineados tus centros energéticos y te ahorrarás futuras molestias. Muy bien, relaja los brazos desde los hombros, déjalos caer sobre tu regazo, apóyalos en las piernas. No importa la posición que adopten mientras estés cómodo. Coloca la cabeza mirando hacia delante, de la misma forma que harías como si estuvieras mirándote al espejo o viendo la televisión.

DISCÍPULO: Yo no tengo tele.

M: Eso no importa ahora. Relájate, no permitas que nada del exterior interrumpa tu calma. Cierra los ojos. Eso es. Tranquilo, sosegado, nota cómo los músculos van perdiendo su rigidez, cómo la lengua ocupa su lugar natural. Efectivamente, tocando el paladar. Ahora, respira por la nariz, haz unas cuantas respiraciones profundas para relajarte. Céntrate en tu respiración, en la zona de las ventanas de la nariz. Fíjate en qué ocurre ahí con la respiración. Siente el aire que entra y el aire que sale, tranquilamente, sin alterar su curso. Después de inhalar y exhalar realiza una breve pausa. Una y otra vez, una y otra vez. Tan sólo respira. Deja que tu respiración se vaya haciendo cada vez mas tranquila y relajada. Al relajar la respiración, se relaja de forma natural todo tu cuerpo y todo tu Ser. Cuando surjan distracciones, procurar no entrar en ellas y vuelve. Vuelve con paciencia y armonía, sin juicios, vuelve a concentrarte en la respiración.

M: Ya han pasado unos veinte minutos, ve tomando consciencia de todo tu cuerpo, abre los ojos. Eso es, tranquilo. ¿Qué tal ha ido? Dime qué has experimentado.

D: Lo primero que siento es una Paz enorme. Tan grande que cuando salí esta tarde de la oficina jamás me hubiera imaginado que fuera posible lograr.

M: Continúa.

D: Lo siguiente que me llama la atención es que hayan transcurrido veinte minutos. A mí me han parecido unos diez.

M: Eso es debido a que has enfocado tu atención solo en una cosa, la respiración y, de esta forma, has sido consciente del momento presente. Hasta ahora, y siguiendo los patrones de comportamiento del ser humano, has vivido anhelando el futuro o evocando el pasado. Pocas veces te has parado a observar el presente, donde el tiempo, no existe.

D: Hay una cosa más. Mi atención; me costaba horrores mantener la atención en la respiración y continuamente empezaba a pensar en otras cosas. Cuando me daba cuenta, mi mente se había ido muy lejos y tenía que volver a traerla a la respiración. Pero en cuestión de segundos, ya había vuelto a escabullirse.

M: Eso es algo completamente normal. Con la práctica diaria ocurrirá cada vez menos. En la India conocen esta técnica de meditación desde hace miles de años, a la cual llaman *Anapana*. La usaban para calmar la mente, dominarla para luego usarla en meditaciones más profundas. En la época en la que se descubrió la meditación *Anapana*, la mayoría de las personas vivían en su mayoría en el campo y eran analfabetas. Para transmitir la sabiduría, se usaban parábolas y fábulas que comparaban esa lucha que tú has mantenido contra tu propia mente, con la doma de un buey, o incluso con tratar con un genio loco armado con una espada. Dime, ¿a qué te dedicas?

D: Soy directivo de una gran empresa. Trabajo en el departamento de marketing.

M: ¿Usas ordenadores para hacer tu trabajo?

D: Claro, como supongo que casi todo el mundo.

M: Bien. Imagínate que hay un programa en tu ordenador que se encarga de realizar por ti todas las tareas que tienes que hacer. Lee y contesta tus emails, extrae los datos de las gráficas y los demás documentos, hace los informes, y luego cataloga y ordena los archivos. Un programa al que tú mismo ordenas qué tiene que hacer y él se encarga del resto con una eficiencia y precisión únicas.

D: Estaría genial si existiera. Me haría ganar una cantidad inmensa de tiempo cada día.

M: Sí, sin duda esa es la parte positiva. Pero este programa en cuestión tiene un gran inconveniente: tiene que estar activo de forma continuada; si se queda sin trabajo por hacer, empieza a actuar por su cuenta de forma compulsiva. Lo mismo puede borrar archivos, como desinstalar aplicaciones, como enviar emails aleatorios. Cualquier cosa que esté a su alcance.

D: Eso sería un desastre. Preferiría no contar con su ayuda si luego no puedo frenarlo.

M: Sin duda es así. Sin embargo, existe un truco para tenerlo dominado. Basta con pedirle que abra la aplicación *Calculadora* y mandarle hacer operaciones de manera continua. Que sume diez a un número cualquiera, infinitas veces, por ejemplo.

D: ¿Y con eso se mantendría ocupado?

M: Sólo hasta que tú quieras volver a usarlo.

D: Entonces sí es algo bueno.

M: Y tanto que lo es. Pues con la mente pasa lo mismo que con este programa informático. Bajo tu control es un herramienta maravillosa, pero desbocado puede ser un verdadero quebradero de cabeza, ya que nos reclama a hacer algo constantemente. La *Calculadora* es como la respiración, de manera que podemos concentrar nuestra mente en la respiración. De este modo la mantenemos ocupada para que no nos vuelva locos y seamos nosotros los que la utilicemos cuando realmente nos haga falta. Cuando la mente se evade lo percibimos en el cambio de nuestro ritmo respiratorio.

Ahora lo que te queda es practicarlo diariamente, hasta que lo integres en tu vida de forma natural, como una actividad más. Procura disfrutarla, tómatelo como un regalo personal que te haces a ti mismo y que sin duda mereces. Muy pronto notarás que estás mucho más relajado, la mente mucho menos embotada, más ligera, mucho más creativa.

¿Está la meditación entre tu práctica diaria?

Cuando caigas, dale las gracias al suelo por ayudar a levantarte.
Y, en lugar de considerar que has cometido un error,
recuerda que experiencia es el nombre que le puedes dar a tus errores.
ENRIQUE ÁLVAREZ

ACEPTACIÓN TOTAL

Adriana era una luchadora, siempre lo había sido, pero a diferencia de los grandes luchadores silenciosos que hacen que el mundo vaya a adelante día a día, ella además poseía el gen del triunfo. Siguiendo las palabras de todos sus profesores, tutores y entrenadores, la joven habría destacado en cualquier cosa a la que se hubiera dedicado. Pero se dejó llevar por su corazón y eligió el tenis profesional.

No fue la elección más sencilla. El tenis es un deporte noble, limpio, excelso, tanto que incluso podría llegar a considerarse como aristocrático. Pero también es un juego muy sacrificado, donde el tenista está solo frente a su adversario, y donde la concentración cuenta tanto o más que la condición física. Por ese motivo, Adriana quería guardar un mensaje con ella que le infundiese ánimos en los momentos más duros de los partidos. Había optado por un tatuaje.

El carácter de alta sociedad que conserva el tenis, exige que los jugadores y su entorno mantengan el decoro –incluso a veces, la etiqueta–. No se ven a tenistas con los brazos tatuados como tan frecuente ocurre con otros deportistas. Por ese motivo, Adriana había elegido la parte interior de su tobillo como el lugar idóneo para esconderlo de la vista de los demás.

Debía de ser algo con el mensaje deseado, y lo suficientemente corto como para poder ser ocultado tras un calcetín. ¿Qué podría ser?

–Tengo la respuesta –le anunció su entrenador–. Es una frase muy corta, pero lo suficientemente impactante como para que te ayude cuando más lo necesites.

–Me gusta mucho la tipografía –dijo ella mirando el diseño que su entrenador le mostraba–. Pero no entiendo nada de lo que dice.

–Es porque está escrito en lengua Pali, un antiquísimo idioma hablado en el norte de la India.

–¿Y qué significa?

–No te lo puedo decir todavía. Tendrás que esperar al momento adecuado para conocer su significado. Te ayudará, no lo dudes. Confía en mí.

La chica asintió y fue a hacerse el tatuaje que su entrenador le dijo, de modo que estuvo perfectamente cicatrizado para cuando la temporada comenzó. Tal y como temía, la sucesión de torneos y partidos fue muy dura, pero ella sentía cómo iba progresando su juego y, con gran esfuerzo, cada vez llegaba más lejos en las eliminatorias. Sucedió que en un partido disputado a los tres meses de empezar, pisó mal intentando llegar a una bola, con tan mala fortuna que se rompió los tendones de la rodilla. Se perdería casi la totalidad de lo que restaba de temporada.

Su entrenador fue a verla al hospital donde la habían operado. La chica estaba destrozada.

–Adriana, ha llegado el momento de leer lo que dice tu tatuaje –le dijo.

La joven se bajó el calcetín, mostrando aquella bella escritura ininteligible hasta entonces.

–*Esto también pasará* –leyó él.

Ella no pareció entender de inmediato, pero al instante el gesto de su cara cambió. Sintió un inmenso silencio que la aislaba del exterior, como si el mundo se hubiera detenido a su alrededor.

"Esto también pasará", repitió para sí.

Le dedicó una sonrisa a su entrenador y, con ánimos renovados, se dispuso a comenzar la rehabilitación lo antes posible. Luchó con ahínco, como sólo ella era capaz de hacer. A veces sentía dolor, a veces desaliento o incomprensión. Pero en sus momentos más bajos, sólo tenía que volver la mirada a su tobillo, donde aquella frase mágica le ayudaba a seguir adelante.

"Esto también pasará".

Cinco meses después, Adriana volvió a las pistas perfectamente recuperada, con un hambre de triunfos irrefrenable. Así, antes de que la temporada tuviera tiempo de concluir, llegó a su primera final de torneo WTA. Y la ganó.

La joven estaba pletórica, recibiendo todas las atenciones de admiradores y prensa. Le hicieron miles de fotos y le regalaron todo tipo de obsequios. Organizó una fiesta con sus conocidos, compañeros, miembros del equipo, y familiares desplazados hasta aquella ciudad para la ocasión. Allí continuó su jolgorio. Entonces su entrenador la tomó del brazo y se la llevó a un lugar tranquilo.

–Muchas felicidades, campeona –le dijo–. Ha llegado el momento de que leas de nuevo la frase de tu tatuaje.

La joven se le quedó mirando muy extrañada.

–¿Qué quieres decir? –le preguntó–. Ahora estoy celebrando mi triunfo. Soy la campeona del torneo.

–Sí, y te lo mereces –repuso el entrenador paciente–. Pero este mensaje no es sólo para las situaciones arduas, también sirve para momentos de gran placer. Su mensaje funciona tanto en las peores derrotas como en las más grandes victorias.

La muchacha se quedó pensativa, repasando las palabras de su mentor. Entonces subió el pie a una silla con la agilidad de una atleta y bajó el calcetín. Ahí estaba el tatuaje.

"Esto también pasará".

Nuevamente sintió la Paz, el silencio que la aislaba del exterior. Su ego y su orgullo se disolvieron, y ella terminó de comprender el mensaje que se había tatuado. Todo pasa, ya sea bueno o malo, triste o alegre, duro o blando. Nada es permanente, todo lo que tiene un inicio también tiene su final, sólo hay que aceptarlo tal y como es.

———————————

¿Cómo acepto todo lo que llega a mi vida?
¿Depende de si es agradable o no?

Ciertamente, todo lo que tiene un principio ha de tener un fin.
La muerte es el final seguro para quien ha nacido.
Pero es igualmente seguro que quien ha muerto ha de renacer.
Así pues, no deberías afligirte por lo inevitable.
BHAGAVAD GITA

DEJARLA IR

Hay momentos en la vida de un padre para los que nadie está preparado. Era una situación tan complicada, que incluso en el caso hipotético de que existiera una escuela para progenitores y Juan hubiera aprobado con matrícula de honor, tampoco se sentiría seguro. Brownie, la perra de la familia, había contraído una enfermedad letal, y en las últimas horas había empeorado enormemente. El veterinario le había llamado diciéndole que lo mejor era dormir al animal. Brownie llevaba siendo la mascota de la casa desde hacía trece años.

Y si la próxima muerte de la perra era un golpe duro para él, peor aún lo iba a ser para Toni, su hijo de diez años. Para el pequeño, Brownie siempre había estado ahí, como su casa, su mamá o su papá. Era un valor tan seguro como que el cielo que cubría sus rizos castaños era azul. Juan había estado temiendo, más que el darle la noticia al niño en sí, la reacción que éste pudiera tener. Por ello había estado intentando prepararle. Le había estado insinuando –nada de decírselo directamente– que tal vez las cosas con su perro ya no volverían a ser igual que antes. Pero cuando Toni preguntaba, interesado en saber más de lo que estaba ocurriendo, Juan reculaba, daba respuestas evasivas, y terminaba por distraer la atención del niño. Fue entonces cuando Juan entendió lo mucho que le aterraba aquel episodio.

La solución llegó a él personificada en Teresa, su mejor amiga. La mujer amaba a los niños, pero sentía una especial predilección por Toni. Conmovida por el mal momento que estaba pasando el papá, se ofreció a ser ella quien le diera la mala noticia al pequeño, pero Juan se opuso.

–Tengo que ser yo quien se lo diga –sentenció.

–Creo que estás en lo cierto –contestó Teresa–. Muy bien, si quieres mi consejo, debes poner todo tu cuidado, más de en lo que dices, en *cómo* se lo dices.

Teresa le dio ánimos y se despidió de él. Cuando llegó, Toni corrió a saludarle, sonriente porque así era su naturaleza, pero con cierta sombra de pesar.

–Toni, tengo que contarte algo –le dijo al pequeño sentándolo en sus rodillas–. Quiero hablarte de Brownie.

–¿Se va a poner bien? –preguntó el niño de sopetón.

–No, es muy mayor y no se va a recuperar. La vida es así, todo lo que nace después de terminar su tiempo de vida, muere. Es una ley natural que hemos de conocer y, lo más importante, aceptar. Pero, el que siga sufriendo o no, va a depender de ti, Toni.

–¿De mí? No lo entiendo, papá. Dime qué puedo hacer por ella y lo haré.

–¿Estarías dispuesto a cualquier cosa?

–Cualquiera, papá. Para que Brownie deje de sufrir, haría lo que fuera.

–¿Cualquier cosa? –repitió el padre–. ¿Por difícil que sea?

–Sí, papá, lo que sea.

–Muy bien, porque lo que necesita Brownie es que le agradezcamos todos los años que hemos compartido con ella, todo el amor que nos ha dado y que la dejemos ir: ha llegado su momento de *partir*.

El niño se quedó callado con una expresión de ignorancia supina dibujada en su cara.

–¿Dejarla ir? –preguntó al fin–. ¿Dejarla ir adónde?

–No sabemos muy bien donde está, Toni, pero irá al *cielo de los perros*, un lugar donde estará muy bien. Lo único que podemos hacer para que ella deje de sufrir es que le permitamos partir.

–Pero yo no quiero eso, papá. Yo quiero que Brownie se recupere y que vuelva a jugar conmigo, y a dormir en mi cama, y a lamerme la cara.

–Lo sé, Toni, pero eso ya no es posible. Brownie está muy malita y sufriendo mucho. Si no la dejamos ir, seguirá sufriendo.

–Pero si la dejamos ir podrá encontrar el camino para volver, ¿verdad? –insistió el pequeño.

–No, Toni, ya no volverá.

–Es una decisión muy difícil, papá... y muy triste.

–Lo sé, mi amor, lo sé. Simplemente, Brownie necesita que hagas este sacrificio para dejar de estar enferma. ¿Serás capaz?

El niño se lo pensó con los ojos bañados en lágrimas. Tras unos instantes volvió a levantar la cabeza hacia su padre.

–Sí, papá, no dejaré que mi perrita lo siga pasando mal. Todos juntos le daremos las gracias por compartir su vida con nosotros y la dejaremos partir para que descanse en el cielo de los perros. Se lo tiene bien merecido.

–Muy bien, Toni, así se habla, –dijo Juan conteniendo las lágrimas–. Te quiero mucho.

¿Qué no estás dispuesto a dejar marchar?

*El bosque sería muy triste
si sólo cantaran los pájaros que mejor lo hacen.*
RABINDRANATH TAGORE

¿QUIÉN TIENE LA RAZÓN?

El campamento estaba terminado y listo para ser usado. Su principal misión sería establecer un centro de mando de campaña para los Cascos Azules destinados por la UNHCR. Un lugar donde guarecer las tropas, guardar los vehículos, conectar los dispositivos de telecomunicaciones, y almacenar los víveres y el resto del equipo. Pero también habría de servir para dar alojamiento a los miles de refugiados que se esperaba que cruzasen la frontera en las próximas horas. Esto último no tardó en suceder.

Una marea humana se abalanzó, lenta pero inexorable, sobre el campamento. Como casi siempre ocurría en estas situaciones, los refugiados eran muchos más de los esperados, y su estado era bastante peor. Siguieron unos días de líos, angustia, aglomeraciones, unos días donde todas las manos disponibles eran pocas y donde agua, comida y medicinas escaseaban sin remedio. Por fin, casi una semana después, la situación en el campamento, aunque grave, estaba estabilizada.

Poco después, durante un día relativamente tranquilo, la alférez Esquivel se encontró a dos soldados discutiendo. No parecía haber amenaza de ser algo grave, pero al ver que empezaban a alzar la voz más de lo recomendable, decidió actuar.

–¿Qué ocurre? –preguntó.

—Este idiota —dijo uno—, que acaba de dejar que unos niños metieran un perro en el campamento.

—Idiota serás tú —replicó el otro de malos modos.

—¡Silencio! —ordenó la alférez de inmediato—. ¿Os parece éste un motivo para discutir así?

—Sí, mi alférez, porque no hay sitio para ese perro en el campamento.

—Bueno, un perro puede comer cualquier cosa y dormir en cualquier sitio —argumentó ella.

—Efectivamente, pero el perro no puede controlar dónde hace sus necesidades —respondió al momento el soldado—. Le recuerdo que con el grado de masificación que tenemos, cualquier suciedad puede ser fuente de infección.

La alférez asintió, para luego escuchar al otro soldado.

—Es cierto que el perro al aire libre no controla dónde hace sus necesidades —dijo—, pero podemos encargarle a uno de los chicos que lo saque dos veces al día. Seguro que pronto aprende. Por otro lado, mi alférez, estos niños han viajado cientos de kilómetros a pie hasta llegar aquí. Han dejado atrás todo, y muchos de ellos han perdido a varios familiares. Están hundidos en la desilusión y el desamparo, y este perro es de las pocas cosas que les da felicidad. Sé que no es muy ortodoxo, pero estos niños se merecen momentos de evasión y de juegos, pese a todo.

La alférez terminó de escuchar al soldado y tras pensarlo por unos momentos, no supo qué respuesta dar. Entendía los motivos de uno y otro, pero aunque tenía preferencia por la opción de dejar que el perro se quedara, no se decidía.

—Haremos una cosa —anunció—, iremos a ver al teniente y que él decida qué debe hacerse.

El teniente Sukuoka, japonés de tradición zen al que, pese a tener un inmejorable inglés, casi nadie entendía. Era el encargado de todo lo relacionado con la parte civil del campamento. Les recibió en su tienda, donde invitó a los tres a tomar asiento. Escuchó atentamente las palabras del primer soldado y hasta que no hubo terminado, no dijo nada.

–Tu opinión es justa –aseveró–. Un perro puede originar infecciones no deseadas. Piensas de la forma correcta.

Entonces el otro soldado, aun a riesgo de saltarse el protocolo marcial, se levantó quejándose:

–Un perro puede ser tan sucio como cualquier persona, dadas las circunstancias. Al contrario, puede generar alegría entre esos pobres niños que lo han perdido todo.

El teniente mantuvo la ecuanimidad del gesto y sólo se limitó a indicarle con una mano al soldado que se calmase y se sentase de nuevo. Cuando éste le hubo obedecido, habló:

–Es verdad, contribuir en la alegría de los niños también es ayudarles. Tienes razón.

Y a continuación se calló. La alférez, que hasta el momento se había limitado a escuchar aquel improvisado juicio, intervino.

–Pero, mi teniente, los puntos de vista de estos dos soldados son tan opuestos como la noche y el día. ¿Los dos van a tener razón?

El teniente se dirigió entonces a su subordinada sin decir nada y con una mirada indescifrable. Estuvo reflexionando así por unos segundos hasta que le dio su respuesta:

–Cierto, tú también tienes razón. Así que, tú decides, que para eso eres la oficial responsable.

La mujer se quedó pasmada con la contestación. No sabía qué decir ante aquella inesperada respuesta.

"¿Será que hay tantas verdades como personas?", pensó. "¿Podría ser que cada problema tuviera una solución por cada punto de vista posible? ¿Será que todo es verdad, y a la vez nada es real?"

––––––––––––––––––––

¿Te crees en posesión de la verdad?

*Pregúntate qué "problema" tienes ahora mismo, no el año próximo,
mañana o dentro de cinco minutos. ¿Qué está mal en este momento?
Cuando honras, reconoces y aceptas plenamente tu realidad presente
(dónde estás, quién eres y lo que estás haciendo ahora mismo),
cuando aceptas plenamente aquello de lo que dispones,
entonces agradeces lo que tienes, agradeces lo que es, agradeces Ser.
La verdadera prosperidad es sentirse agradecido por el momento presente
y por la plenitud de la vida ahora mismo.*
ECKHART TOLLE

LOS ASIENTOS

Esa tarde era la del último sábado de septiembre y, como ya venía siendo tradición, toda la familia se reunía en la vieja casona de campo. El "Sabadillo del Membrillo", como lo conocían, era una costumbre que José había heredado de su padre, y que con el tiempo transmitió a sus hijos. En principio consistía en un fin de semana plácido que servía para huir del ajetreo que siempre acompañaba el inicio del nuevo curso. Sus hijos agradecían aquel paréntesis del colegio. Su esposa y él, también.

Con el paso de los años, sus cuatro hijos fueron convirtiéndose en hombres y mujeres, e iban trayendo a sus parejas primero, y a sus hijos –los nietos–, después. Algunas veces había habido algún compromiso y alguno de ellos se lo tuvo que perder, otras veces fue debido a que alguno estaba viviendo en el extranjero, y otras porque alguno de los nietos estaba enfermo. De cualquier modo, estando todos o parte, el "Sabadillo del Membrillo" se había instituido como una tradición de carácter casi sagrado en casa de José.

Él, hombre atento y meticuloso, no había perdido su intuición con el paso de los años, y se fijaba tanto en las cosas que se mantenían como en las que habían cambiado. Se emocionaba al ver que la ilusión y la emoción por estar todos juntos se mantenía intacta entre sus hijos. Pero lo que realmente le llamaba la atención era cómo había cambiado el contenido de las conversaciones entre ellos. Le parecía que fuera ayer cuando discutían sobre personajes de dibujos animados, o sobre fútbol, o sobre juegos. Y ahora, aquellas personas adultas hablaban de negocios, jornadas laborales, dinero, éxito, fracaso, estrés, gastos, impuestos, compras...

A José le encantaba escuchar a los que todavía consideraba como sus chiquillos pero, en realidad, aquellas conversaciones no terminaban de parecerle del todo positivas. Decidió hacerles un juego, como cuando eran escolares:

–Mamá ha terminado de preparar su té especial de hierbaluisa y frambuesa –anunció José interrumpiendo una acalorada conversación sobre la situación política–. Vamos a tomarlo al cobertizo y así disfrutaremos de la lluvia en esta maravillosa tarde otoñal.

A los hijos les pareció una buena idea y siguieron a su padre sin rechistar. El cobertizo era un anexo a la casa, al que había que acceder cruzando el patio. Básicamente era una sala de estar muy confortable, que contaba con una chimenea y varios sillones, y donde la madre aprovechaba el gran ventanal para hacer crecer sus plantas. Era un rincón mágico que invitaba a la lectura y la conversación. Sin embargo, en aquella ocasión, los cuatro hijos, tres de ellos acompañados de sus parejas, sumados a la madre y el padre, hacían que el espacio escasease. Había asientos para todos, pero variaban entre un cómodo butacón o un mullido sillón, a una simple banqueta de madera. Cuando todos habían encontrado su sitio, José tomó la palabra.

–Es lógico que hayáis escogido los asientos más cómodos si habéis tenido la oportunidad –dijo–. Pero ahí puede estar el origen del estrés que algunos padecéis.

Los hijos se le quedaron mirando atónitos. José amplió su sonrisa y continuó con su argumentación.

–Lo que buscábamos en este momento era tomaros una taza de té en familia, viendo cómo las gotas de lluvia salpican alegremente la cristalera. Sabíais que era sólo un rato para compartir, que sois jóvenes y, gracias al cielo, gozáis de buena salud. Y sin embargo, algunos no habéis dudado en adelantaros a los demás para alcanzar un sitio mejor y más confortable. En realidad, los asientos que habéis tomado deberían ser sólo un medio, no un fin. Fijaos bien, este momento, el *Ahora* simboliza la vida entera. Cuando ocurrió algo en el pasado, *era Ahora*, y lo que ocurra en el futuro, también *será Ahora*. Por tanto no existe nada más que un infinito *Ahora* que no deja de suceder. *La vida es Ahora* y muchas veces nos la perdemos por centrarnos en las apariencias, en lugar de disfrutar de lo que realmente encierra. No importa cómo sean para un rato que vais a estar aquí, lo que importa es que podáis apreciar y valorar este momento. No permitáis que un asiento determinado, ni nada externo, os arruine cada momento único.

Y una vez dicho esto, dio un sorbo de su taza de té. El silencio que quedó detrás de sus palabras, permitió que disfrutasen el tímido sonido de las gotas de lluvia contra la cristalera.

¿Dónde pasas la mayor parte de tu tiempo,
en el pasado, en el futuro o, en el Ahora?

Algo hay tan inevitable como la muerte y es la vida.
Hay que tener fe en uno mismo. Ahí reside el secreto.
Sin la absoluta confianza en sí mismo, uno está destinado al fracaso.
Todos somos aficionados. La vida es tan corta que no da para más.
Ríe y el mundo reirá contigo; llora y el mundo,
dándote la espalda, te dejará llorar.

CHARLES CHAPLIN

NO PUEDO

La pequeña Sonia estaba impresionada. Mantenía sus enormes ojos marrones bien abiertos, de modo que no había ni un solo detalle que se le escapase. Era su primera visita al zoo, un lugar que para ella se asemejaba a un parque enorme, repleto de extraños animales a un lado y a otro del camino. Pero la tremenda fascinación que sentía no era la única responsable de lo que experimentaba en el pecho. Era una mezcla de nuevas sensaciones para su joven cuerpo, ya que también notaba tristeza por aquellos animales enjaulados. No sabía por qué, pero aquella sensación se le hacía más y más grande.

—Mamá, ¿por qué están estos animales encerrados? —preguntó.

—Porque de no ser así, escaparían.

—¿Y a dónde escaparían?

—A sus hogares.

—¿Pero el zoo no es su hogar? —preguntó de nuevo la pequeña contrariada.

La madre vio que aquella conversación la llevaba a un callejón sin salida. Por un lado, ella no era la mayor defensora de que se mantuviesen animales en cautividad para el entretenimiento de la gente. Pero por otro lado, tampoco quería alimentar una posible situación dramática con su hija.

"Para un día completo que puedo pasar con ella", pensó.

—Sí, tienes razón —respondió—. El zoo es ahora su hogar. Están encerrados porque si escapasen podrían hacer daño a la gente con la que se cruzasen. Algunos tienen unos dientes y unas fauces terribles que podrían llegar a matar —dijo señalando a los leones—. Y otros son tan grandes que podrían aplastarte aunque no lo quisieran —añadió señalando a unos búfalos de cuernos impresionantes.

La niña asintió dirigiendo su curiosa mirada hacia donde su mamá le indicaba. Siguieron andando, y cuando la madre ya pensaba que su niña había abandonado las dudas sobre la conveniencia o no de tener a aquellos seres allí enjaulados, volvió a hablar.

—¡Mira, mami! —exclamó apuntando con su dedito—. La valla que rodea a aquel rinoceronte es muy delgada. Y el rinoceronte es tan grande que si corriera en esta dirección podría aplastarla aunque no lo quisiera.

La madre miró atenta a lo que su hija decía y, con cierta perplejidad, comprobó que era cierto. Aquella valla se veía enclenque, tanto por su altura como por su grosor. Justo detrás, a no demasiados metros, un colosal rinoceronte se asomaba pastando. La mujer trató de mantener la calma, pero era cierto que aquello le ocasionaba pánico.

—Es segura —afirmó a su pequeña mientras tiraba disimuladamente de ella hacia un lado.

Anduvieron a paso vivo, lo suficiente como para alejarse de la zona sin llamar la atención. Al poco encontraron a un operario moviendo unas cajas. La madre fue a prevenirle de la falta de seguridad que presentaba aquella valla.

—Ese rinoceronte nació en este zoo —respondió el hombre con parsimonia—. Además de tener un foso por la parte interior que le impide acercarse a la misma, no conoce más mundo porque lleva encerrado en esa parcela toda su vida. Ni se plantea el poder salir de la misma. Simplemente, es imposible para él. Le ocurre lo mismo que a la mayoría de las personas.

—¿Disculpe? —preguntó la madre.

—Las personas nos acomodamos al entorno en el que vivimos durante años —respondió el hombre colocándose la gorra—. Cuanto más tiempo estamos viviendo de un modo, más nos acomodamos. De manera que cada vez nos parece más complicado cambiar las cosas, por mal que se pongan para nuestros intereses. Simplemente, no somos capaces de comprender que existen otras posibilidades. Nuestros límites nos los fijamos nosotros mismos con nuestras creencias limitantes. Es como si se tratara de una jaula mental que nos hemos creado y de la que nos vemos incapaces de salir.

Y habiendo dicho esto, sin esperar una posible respuesta de su interlocutora, se dio media vuelta y prosiguió con sus tareas. La madre, boquiabierta, no hubiera podido decir nada aunque lo hubiese intentado. La pequeña Sonia la miraba desde abajo llena de curiosidad, tratando de averiguar en qué estaba pensando su mamá.

"¿Cuál es mi jaula?", se preguntaba la mujer a la vez que recordaba las ocasiones en las que se había dicho interiormente: "no puedo".

———————————

¿Cuál es tu jaula?

> *Cuando veáis a un hombre sabio,*
> *pensad en igualar sus virtudes.*
> *Cuando veáis un hombre desprovisto de virtud,*
> *examinaos vosotros mismos.*
> **Confucio**

EL LOCO QUE NADABA

Hace ya muchos años, una noticia impactó en los habitantes de la ciudad con la fuerza de un meteorito, sólo que sus efectos fueron aún más destructivos. La gente salió de sus casas y acudió al hospital para comprobar si aquello que decían las noticias era cierto. Miles de personas se agolparon a las puertas de la sección de urgencias donde los médicos habían confirmado las peores sospechas: Gerardito Madrid, el niño maravilla, prodigio de las sonatas tradicionales, estrella nacional y orgullo de la ciudad, había muerto ahogado en la piscina de su chalé en las afueras.

Las lágrimas bañaron las calles con una lluvia amarga de lamentos. Y el día del entierro fue mucho peor. La muchedumbre colapsó la ciudad siguiendo el cortejo fúnebre desde el ayuntamiento hasta el cementerio, superando con mucho cualquier otra manifestación habida hasta la fecha. Nada en el mundo parecía capaz de consolar la profunda aflicción de las masas. Pero el asunto no se quedaba en la consternación del pueblo. Poco a poco se fue levantando una voz, una opinión de peso que no tardaría en ser un clamor. La gente exigía justicia.

Las autoridades, tanto o más dolidas por tan desastroso evento, se anticiparon en tomar una decisión por primera vez desde que había memoria. Decretaron tres días de luto oficial, con las banderas a media asta y suprimiendo cualquier festival o muestra de alegría. Pero la gente quería más, la multitudinaria manifestación del día siguiente fue la prueba de ello. Entonces las autoridades, queriendo expresar que su dolor no era sino mayor que el de cualquiera, emitieron un bando por el cual todas las cadenas de televisión locales debían incluir las películas de Gerardito Madrid en su programación a diario hasta nuevo aviso. Además, durante ese periodo indefinido de tiempo, sus discos se pondrían por megafonía en todos los edificios gubernamentales.

Pero el dolor de la gente seguía siendo muy grande y profundo, y desde las calles se seguía clamando justicia. Había un gran descontento con las autoridades por no encontrar una solución que paliase la sed insaciable de la gente. La situación comenzaba a ser preocupante. Desde el consistorio se pusieron manos a la obra para dar con una solución que convenciera a todos. Vieron que en lo que iba de año ya habían muerto otros dos muchachos en situaciones similares, lo que, sumado a los cuatro años anteriores, daba un saldo de casi veinte ahogados en edad escolar. Apoyados en estos datos, legislaron prohibiendo el baño a los menores de quince años.

La drástica medida pareció ser suficiente, pero la mala fortuna parecía haberse instalado en la ciudad. Ese mismo día, un señor de cincuenta y dos años también murió ahogado. La población volvió a lanzarse a las calles enfurecida, provocando altercados que pusieron en alerta al gobierno local. Ante esto se amplió la ley y quedó prohibido el baño, ya fuera en una piscina o en cualquier otra masa de agua, a toda la población sin excepción. Las piscinas fueron inmediatamente vaciadas y posteriormente rellenadas con cemento, y quedó prohibido acumular más de mil litros de líquido en un mismo lugar sin vigilancia profesional las veinticuatro horas del día.

Satisfecha con la medida, la ciudad descansó por fin y la gente pudo retirarse aliviada a sus casas para llorar en silencio la irreparable pérdida.

Pasaron los años y, como era de esperar, el número de víctimas de las piscinas descendió drásticamente a cero. Aunque las temperaturas que se alcanzaban en la ciudad durante el verano podían llegar a ser sofocantes, al menos las familias se sentían más seguras de mantener a todos sus miembros a salvo del asesino silencioso y acuoso. La tragedia del querido y malogrado Gerardito Madrid había servido para algo, después de todo.

Mucho tiempo después, cuando ya nadie recordaba que una vez hubo un niño llamado Gerardito Madrid que cantaba la canción popular con voz de oro, la prohibición del baño seguía resistiendo incólume. Es más, la gente le había tomado un miedo atroz al agua, tanto que todos se escondían cuando aparecían nubes en el cielo, y pisar charcos se convirtió en un pésimo augurio, ¡peor incluso que derramar la sal! Los más viejos contaban a los jóvenes leyendas de terror de aquel tiempo antiguo donde había piscinas por todas partes donde la gente iba a nadar, ¡e incluso bucear! No había quien no temblase de miedo al escuchar algo así.

Ocurrió que un día, un joven extranjero, llegado a la ciudad hacía pocos meses, harto de sufrir los rigores del calor estival, y desesperado por no encontrar modo alguno de refrescarse, decidió darse un baño en el río. Para ello tuvo que sortear las altas verjas metálicas que protegían a los ciudadanos de las crueles aguas que por allí fluían. Cuando escaló a lo más alto, se lanzó de cabeza, y allí se quedó nadando, libre al fin del bochorno. El muchacho, cansado por el esfuerzo, decidió quedarse flotando en la superficie disfrutando del momento. Fue entonces cuando lo vieron unos vecinos que pasaban por un puente cercano.

–¿Pero qué haces? –gritó uno.

–¡Sal de ahí, loco! –exclamó otro.

–¡Puedes morir! –chilló otro más.

Ante tanto alboroto, el extranjero decidió agarrarse a unos árboles de la orilla para ver qué estaba ocurriendo. Desde allí escuchó las voces que, igual que le avisaban del peligro, le increpaban. Al principio intentó convencerles de lo fresquito que se encontraba en el río, para enseguida, al ver que se enfadaban más y más con el, intentó ignorarles zambulléndose de nuevo. Pero cada vez había más gente y el jaleo se hizo insoportable. El joven decidió salir del río. Empezó a vestirse, soportando la tormenta de improperios que los allí presentes empezaron a lanzarle sin piedad. Le dijeron de todo, pero se le quedó el apodo de *el loco que nadaba*. Y desde entonces, todos los habitantes de la ciudad comenzaron a tratarlo como a un loco, un pobre diablo que, a diferencia de ellos, no sabía lo que hacía.

¿Hasta que punto estás "loco" para atreverte a ir contracorriente?

> *La vida siempre espera situaciones críticas*
> *para mostrar su lado brillante.*
> PAULO COELHO

LA RECEPCIONISTA

Ángel, el director general de la agencia de publicidad *Im-packed*, estaba que no cabía en sí del gozo. Después de muchos meses de penurias, impagos, estrecheces, facturas devueltas y agonía, por fin había cerrado el deseado contrato con la multinacional. La liquidez volvía a su empresa, y con ello la salvación de la misma. Quería gritar de la emoción.

–¿Dónde está mi campeón? –exclamó nada más entrar en la sala de reuniones.

Allí estaban reunidos todos los creativos de la agencia, brindando con champagne, eufóricos. De entre ellos se desmarcó José Luis, el coordinador del equipo, visiblemente emocionado y algo bebido. Ángel y él se fundieron en un sentido abrazo que escenificaba a la perfección lo delicada que había llegado a ser la situación de la empresa.

–Por los pelos, Angelito –comentó José Luis al oído.

–Pero lo logramos, ¡qué demonios! –respondió el director pletórico.

–Sí. ¿Tenemos ya la firma?

–Tenemos la firma y el ingreso de la primera parte del pago. Dime, ¿dónde está el héroe de la jornada?

Ángel buscó con la mirada a sus empleados, por si encontraba a aquel que había tenido la genial idea para realizar el spot publicitario salvador. El jefe fue preguntando a sus muchachos, pero por más que suponía, no encontraba al autor.

–No ha sido ninguno de nosotros –dijo uno.

–¿Entonces? –preguntó Ángel incrédulo.

José Luis le hizo a su jefe una señal con el brazo, señalando directamente a Sandra, la recepcionista: una mujer de mediana edad que solía pasar desapercibida. Ella había estado presente en la celebración desde el principio, pero Ángel, como de costumbre, la había pasado por alto.

–¿Sandra? –preguntó Ángel con un tono que venía a significar "¿pero qué broma es esta?".

–Sí, Ángel –le explicó José Luis–. Ayer estaba todo el equipo reunido, en una de esas sesiones de *tormentas de ideas* que organizamos cuando tenemos una urgencia. Llevábamos ahí metidos más de cinco horas y estábamos completamente bloqueados, así que decidí dar unos minutos de descanso. Cuando volvimos, descubrimos a Sandra sentada a la mesa, escribiendo sobre unos papeles.

–¿Ella ideó la campaña? –cuestionó Ángel aturdido.

–No exactamente, pero tenía la idea principal sobre la cual trabajar. Los chicos se unieron a Sandra para darle color y forma a su idea. Así empezó todo.

El jefe pasaba su mirada incrédula de José Luis a Sandra y de Sandra a José Luis.

–Menuda sorpresa, Sandra –reaccionó Ángel al fin–. Has salvado esta agencia por la que tanto hemos luchado. Es algo del todo inesperado. No me malinterpretes, pero dime, ¿cómo es posible que tú, que en todos estos años no has planteado nada creativo, te saques ahora de la manga una idea tan brillante?

A Sandra le costó responder, pero tras aclararse la garganta dijo:

–Verá, cuando encontré este trabajo yo sólo quería un puesto donde me encontrase a gusto, que fuera cómodo, y ganase el dinero suficiente para mis necesidades y las de mi familia. Nunca tuve que pensar más que lo justo, y eso era perfecto para mí. Pero al ver que mi empleo peligraba porque la empresa iba a desaparecer, recordé que de niña tenía mucha imaginación y no había nada que pusiera límites a mi creatividad. Me encantaba escribir historias e idear juegos con mis hermanos, por lo que decidí darle una vuelta al asunto en el que trabajaban los muchachos del equipo. Lo pensé un poco, me dejé llevar por mi corazón, se me encendió la bombilla, y me vino la inspiración. Lo demás, lo hicimos entre todos.

–¿Recordaste cuando eres niña y no tenías límites? –repitió Ángel tartamudeando, patidifuso.

–Sí, así es –confirmó ella sonrojada y sonriente, antes de dar un trago a su copa de champagne.

¿Dónde pones tus límites?

Día a día, lo que eliges,
lo que piensas, y lo que haces, es,
en quien te conviertes.
HERÁCLITO

CUANDO NO HAY NADIE, ¿QUIÉN ME VE?

No había ninguna regla que así lo estableciera, pero la experiencia de los alumnos decía que las clases en la academia eran mortalmente aburridas. Allí se acudía a aprender los conceptos necesarios para preparar oposiciones a un puesto específico, ya fuera magistrado, o policía, o bombero, u oficinista, o cualquier otra profesión. Las lecciones eran largas, las asignaturas soporíferas, y las explicaciones de los profesores sólo apuntaban muy brevemente cuestiones que luego había que saberse de memoria.

Por ello, el ánimo general del alumnado cambiaba al llegar la hora de la clase preparatoria de los test psicotécnicos. No sólo era el único momento donde no se exigía a los estudiantes una atención absoluta, sino que además se requería que participasen activamente. Siempre había preguntas, breves pruebas prácticas, e incluso juegos.

En aquella ocasión, la profesora, una joven especializada en procesos de selección, había pedido a sus alumnos que guardasen las plumas y los papeles y que le prestasen total atención.

—Voy a proponer un caso práctico –dijo–: imaginaos que vais andando por la calle un día normal. Delante de vosotros camina una señora. Lleva la cremallera del bolso abierta, lo que hace que, con un brusco movimiento, se le caiga la cartera al suelo. Ella no se da cuenta y sigue caminando. Ninguna otra persona parece haberlo percibido tampoco, aunque es posible que se hayan dado cuenta. ¿Qué hacéis?

De forma unánime, la clase contesta que recogerlo y entregárselo inmediatamente a la mujer.

–Muy bien –continuó la profesora–. Ahora imaginaos la misma situación, pero con la diferencia de que no tenéis dinero ni para pagar el alquiler.

En esta ocasión hubo división de opiniones, teniendo cierta ventaja la opción de entregarle el monedero a la señora.

–Vale, chicos –dijo la profesora–. Seguimos en la misma situación que antes. Misma calle, misma señora, misma cartera que se cae del bolso. Ahora la diferencia está en que vosotros no sólo no tenéis dinero para pagar el alquiler, sino que ni siquiera tenéis un techo y pasáis mucha hambre. ¿Qué haríais?

Un murmullo se levantó entre los oyentes, quienes tuvieron que pensárselo un poco más antes de posicionarse a favor o en contra de tomar aquella cartera. Seguía habiendo división de opiniones, pero esta vez quienes abogaban por quedarse con el botín eran una mayoría significativa.

–Vamos a darle una última vuelta de tuerca –intervino la profesora–. Es la misma situación que antes, estáis muertos de hambre, pero ahora, además, sabéis que la mujer a la que se le cae la cartera es muy rica y no hay nadie más por la calle, ni siquiera cámaras de vigilancia. ¿Qué haríais? Quiero que lo penséis bien antes de contestar.

Los alumnos vacilaron. Se lanzaron tímidas miradas entre ellos hasta que por fin se decidieron a dar su punto de vista. Todos menos uno eligieron la opción de quedarse con la cartera. Muchos ofrecieron sus motivos y las condiciones bajo las cuales lo harían, pero la profesora sólo estaba interesada en qué tenía que decir esa persona que ni en el último caso accedería a quedarse con la cartera.

–No es mía –se limitó a decir–. No puedo tomar algo que no me pertenece.

–Pero se le cayó –dijo una compañera.

–Pero tú lo necesitas más que ella –dijo otro.

–Pero nadie te va a descubrir –insistieron de más atrás.

El gesto del muchacho no varió. Seguía negando con la cabeza.

–Quiero deciros algo –explicó–. Por suerte nunca he pasado semejantes necesidades y ciertamente no sé cómo me comportaría en una situación así. Pero en este caso hipotético he de seguir diciendo que tomar algo que no es mío no es apropiado, y que ninguna justificación puede haber para que esté bien. Por eso mismo digo que no lo haría.

Sus compañeros lo miraron incrédulos, sin saber muy bien cómo reaccionar.

–Pero si nadie te ve y la señora es rica –dijo un compañero sin poder contenerse–. Nadie se dará cuenta de que has sido tú, nadie te ve.

–¿Cómo que nadie me ve? –contradijo el muchacho–. Si yo estoy ahí, mi Ser me ve, Yo me veo. No deseo que mi consciencia, mi Yo, mi Ser, como cada uno quiera llamarlo, me vea haciendo algo que vaya contra mis principios.

–Bueno –intervino la profesora–. Hemos llegado a un punto muy interesante en el que, como bien dijiste, es muy difícil predecir cómo se actuaría. Se trata de un problema que toca directamente a la ética, a los valores mas profundos de cada ser humano. Cada uno debe tenerlos claramente definidos para que cuando se presente una situación *comprometida*, afloren.

Para ello os recomiendo comenzar a trabajar sobre vuestra mente, volviéndoos guardianes de vuestros pensamientos, debiendo estar siempre alerta del contenido de los mismos y, cada vez que os llegue alguno que sea contradictorio con vuestros principios, recordéis antes de actuar: *mi Yo me ve*.

———————————

Cuando no hay nadie, ¿quién te ve?

> *Conforme vas obteniendo
> todas las cosas materiales que siempre has deseado,
> te vas dando cuenta que no llenan el enorme vacío
> que sigue existiendo en tu interior.*
> ENRIQUE ÁLVAREZ

EL DESAPEGO

El señor Pulido era un hombre rico, trabajador, exitoso y ambicioso, pero si algún calificativo se amoldaba bien a su personalidad, ése era orgulloso. El orgullo del señor Pulido era gigantesco, tanto que no permitía a nadie que le llamase de alguna forma en la que su estatus superior no quedase patente: don Alfonso, señor, excelencia, caballero, etc. Sólo sus familiares tenían permiso de llamarle por su nombre a secas, pero teniendo que observar el debido respeto a alguien de su edad y posición social, por supuesto.

Como muestra del éxito que siempre le acompañaba, y para su mayor gloria, el Ministro de Hacienda acordó nombrarle Tesorero Mayor de la Nación. Se trataba de un cargo honorífico de máxima importancia para un civil como él, y que suponía la guinda del pastel de sus méritos y reconocimientos. Además, como encargado del Tesoro de la Nación, tenía derecho a un sueldo vitalicio –que por otra parte, no necesitaba– y le convertía en el portador del Cetro del Tesoro.

El Cetro del Tesoro era una obra de arte de la orfebrería del país, confeccionado siglos atrás en oro puro y brillantes seleccionados. Era el símbolo flamante que diferenciaba al Tesorero

Mayor de la Nación del resto de los ciudadanos. Al igual que sus antecesores, el señor Pulido portaría el Cetro en todos los actos oficiales mientras viviera.

Con el pecho lleno de una soberbia desbordante, el señor Pulido organizó una fiesta en la casa palacio que tenía en el barrio más lujoso de la capital. Allí acudió lo más granado de la alta sociedad de la nación: altos cargos, embajadores, banqueros, empresarios, altos funcionarios, miembros de casas reales extranjeras, etc. Era tan enorme la comitiva de invitados, que allí entraron, sin que nadie supiera muy bien cómo, un par de monjes. Como el matrimonio Pulido era muy religioso –especialmente la mujer–, no pusieron impedimentos para que los monjes estuvieran allí rodeados de *la crème de la crème*.

La fiesta fue tal y como estaba previsto. Tras la pomposa recepción, hubo un banquete de varias horas –aperitivo, primero y segundo plato, postre, café, copa, puro, discursos incluidos–, para luego pasar al jardín a tomar un cóctel en un ambiente que pretendía ser más distendido, pero que con tanto manjar y agasajo, estaba bastante cargado. El señor Pulido, lejos de renunciar al protagonismo que llevaba acaparando desde el principio, invitó a los presentes a maravillarse con las esculturas del jardín, con las fuentes italianas, la belleza del invernadero, su colección de pájaros tropicales oportunamente enjaulados, los mosaicos que adornaban la zona de la piscina, o las obras de arte que había colgadas de las paredes de la, según sus propias palabras, casita de verano.

Explicaba con todo lujo de detalles cómo consiguió cada cosa, el nombre del autor, quién se lo regaló, de qué estaba hecho, qué precio desorbitado tendría en el mercado, incluso datos como sus medidas o su peso. Con cada dato que aportaba, los invitados del señor Pulido se iban maravillando más y más, lo que también iba alimentando su orgullo hasta límites nunca antes vistos. Sin embargo, no todo marchaba tal y como él deseaba, pues los dos monjes presenciaban aquella muestra de poderío sin hacer la más mínima muestra de asombro.

"¿Cómo se atreven?", pensaba el señor Pulido cuando los veía allí quietos sin variar ni un ápice sus gestos tranquilos y armoniosos.

La visita continuó, y el señor Pulido iba enseñando rincones y objetos a cual más grandioso, pero él ya no estaba pendiente de su encandilada audiencia; sólo quería comprobar si aquellos monjes se mostraban impresionados. Nada.

"Malditos monjes", se dijo.

Entonces el flamante nuevo Tesorero Mayor de la Nación, decidió saltarse el plan preestablecido y llevó a los invitados de vuelta a la mansión, donde empezó a enseñar cuadros, estatuas, muebles, lámparas y una serie de elementos que bien podrían estar en un museo. Su audiencia estaba maravillada ante tal muestra de poderío, pero los dos monjes seguían con las mismas. Incluso le pareció ver a uno de ellos bostezando.

"¡Insolente!"

Su muestra de triunfos le llevó hasta la vitrina donde guardaba su recién adquirido Cetro del Tesoro. No dudó en tomarlo y mostrárselo a todos. Verdaderamente era un objeto impresionante. Pero esto tampoco produjo cambio alguno en la actitud de los monjes, que comentaban cosas entre ellos, ajenos a la grandeza del propio Cetro. Disgustado sobremanera con el comportamiento irrespetuoso de los monjes, el señor Pulido les preguntó expresamente a ellos qué les parecía.

—Nos gusta mucho, señor —dijo el más veterano de ellos—. Nos sentimos muy complacidos al ver su felicidad, aunque no compartimos tanta dicha por esas cosas que le han prestado.

–¿Prestado dices? –replicó el señor Pulido con desprecio–. Todo esto es mío, lo he ganado con el sudor de mi frente.

–Permítame que discrepe, señor –contestó el monje sin levantar la voz–. La mayor parte de lo que nos ha enseñado son objetos muy antiguos que tuvieron otro dueño antes que usted, sobre todo ese cetro que ahora porta. Dígame, ¿podría mencionar los nombres de los otros tesoreros que lo sostuvieron entre sus manos antes que usted?

–Claro que podría –contestó el señor Pulido algo sorprendido.

–¿Y no cree que aquello que ha tenido dueños anteriores, y seguramente tendrá otros después de usted, puede considerarse con todo merecimiento como prestado? –preguntó el monje–. Todos somos peregrinos en esta vida, y cuanto más ligeros de equipaje caminamos por ella, tanto más avanzamos. El desapego es una hermosa cualidad de los que aprenden que sólo estamos de paso y, por tanto, viven libres sin aferrarse a nada ni a nadie.

¿A qué o a quién, sigues apegado?

El mundo está lleno de dolor que genera sufrimiento.
La raíz del sufrimiento es el deseo.
Si quieres arrancarte esa clase de dolor,
tendrás que arrancarte el deseo.
BUDDHA

DAR PARA RECIBIR

Diario de expedición: miércoles 16 de julio: abandonamos el campamento base a las 6:15, aprovechando las primeras luces del alba. Tomamos la senda que se introduce en la última parte del bosque, y que si todo sale bien, nos llevará en cuatro días a las primeras paredes del Kanchenjunga. El ánimo del grupo está por las nubes, algo que sin duda nos va a venir muy bien para la dura prueba que nos espera allá arriba.

Jueves 17 de julio: como ya esperábamos, el bosque se ha terminado de quedar atrás. A partir de este punto, todo resto de vegetación que veamos serán esos matorrales, musgo y líquenes, pero mejor no acostumbrarnos, ya que en breve no habrá nada más que hielo y roca.

Viernes 18 de julio: hoy hemos conocido los primeros grandes desniveles que, aunque todavía no han requerido que desenvolvamos el equipo de escalada, sí que han puesto a prueba nuestra compenetración y forma física. También hemos dejado atrás las dos primeros cruces del camino que llevan a la ascensión por las caras Oeste y Sur. Nosotros vamos directos a por el lado Este.

Sábado 19 de julio: de no ser por el azul intenso del cielo, el paisaje bien podría pertenecer a las imágenes que tenemos de la superficie lunar. Tras dejar atrás el último cruce seguimos avanzando encaramados a la escarpada ladera de la montaña. A veces hemos tenido que sortear tramos con gran riesgo de caída a centenares de metros. Pero finalmente, pasadas tres horas del mediodía, hemos arribado a la base de la primera pared. Hemos montado el campamento y dejado todo dispuesto para mañana. A partir de ahora todo nuestro viaje será en vertical. Espero que la excitación nos deje descansar convenientemente.

Domingo 20 de julio: hemos terminado el ascenso de las primeras tres paredes con éxito. Podíamos haber comenzado con la cuarta y hacer noche a mitad de trayecto como teníamos planeado, pero hemos detectado una mayor presencia de placas de hielo de la prevista. Por eso ahora mismo estamos parados en la terraza previa al muro.

Martes 22 de julio: un desastre ha ocurrido. El lunes, mientras estábamos colgados de un bloque de hielo de tamaño colosal, llegó un vendaval acompañado por fuerte ventisca. La previsión meteorológica no anunciaba nada semejante. Hemos perdido a la mitad de los compañeros, que no sabemos dónde pueden estar, aunque tememos lo peor. Los supervivientes, dos escaladores y dos sherpas, estamos aislados, incomunicados y sin equipo. Sólo contamos con los víveres que llevábamos con nosotros. Estamos encaramados a un recodo que por fortuna encontramos para protegernos de la tormenta. Eso nos ha salvado la vida. Estamos esperando que amaine el temporal para conocer cuál es nuestra situación real.

Miércoles 23 de julio: hoy hemos vuelto a ver el azul penetrante del cielo. Por fin han cesado las tormentas. Sin embargo no tenemos forma de movernos de aquí. Sin equipo es imposible volver abajo, y la solución tampoco está yendo hacia arriba, aunque pudiéramos. Nuestra única opción es esperar a que vengan a por nosotros.

Jueves 24 de julio: hemos racionalizado la comida. Es muy poca, pero nos debe durar una semana. No sabemos si será suficiente. No tenemos noticias, ni de los demás, ni de otras personas. Estamos a la espera.

Lunes 28 de julio: estamos desesperados. Nada ha cambiado en nuestra situación. Sólo esperamos, esperamos que algo ocurra.

Miércoles 30 de julio: hoy llegó por fin alguien. Era un explorador sherpa que también sufrió el revés del temporal. Nos dijo que podía ayudarnos, pero para ello nos planteó un dilema para el que no estábamos preparados. Tenía equipo para ir abajo y buscar ayuda él solo, pero necesitaba nuestra comida para conseguirlo. Se veía bastante saludable, al menos su estado era mejor que el nuestro. Aún así nos pidió lo poco que nos quedaba de alimento para los cuatro. Si renunciábamos a nuestra comida tendríamos una esperanza de salir de allí a cambio de acelerar nuestro desfallecimiento de forma atroz. Quedándonosla nos aseguraríamos vivir más tiempo hasta que vinieran a por nosotros; si esto terminaba ocurriendo. Teníamos que tomar una decisión. Debatimos airadamente durante algunas horas. No sabemos cómo, pero finalmente le dimos todo lo que teníamos a aquel sherpa y nos quedamos sentados en nuestro refugio.

Viernes 1 de agosto: llevamos más de 48 horas sin probar bocado. No tenemos energía ni para seguir discutiendo entre nosotros sobre qué debimos o no debimos hacer. No tenemos noticias de nadie que venga a por nosotros.

Domingo 3 de agosto: con las energías justas, y desconociendo hasta cuándo seré capaz de seguir escribiendo en este diario, anuncio que seguimos esperando. Esperando.

Martes 5 de agosto: a regañadientes me han permitido tomar el diario, pero no podía dejar pasar más el tiempo hasta poder escribirlo: ¡estamos salvados!

Miércoles 6 de agosto: lleno de energía, me dedico a rellenar este diario de una expedición fracasada, pero que ha supuesto un torrente de esperanza para mí y mis compañeros. ¡Hemos vuelto a nacer! El sherpa apareció tal y como prometió, trayendo con él a un equipo de salvamento. Nos movilizaron hacia abajo, hasta un punto donde pudo recogernos el helicóptero de rescate. Pero los detalles ya no son importantes, lo que importa es que estamos vivos. Y todo gracias a aquella decisión que tomamos en el momento más complicado. Al final, pese a que todo apuntaba a lo contrario, el entregar lo que nos quedaba supuso nuestra salvación. Darlo todo primero, para obtener lo que necesitas después, así ocurrió.

Recibimos lo que damos. ¿Tienes claro qué estás dando?

Algunos están dispuestos a cualquier cosa,
menos a vivir aquí y ahora.
JOHN LENNON

EL COLECCIONISTA

La puerta principal se cerró de un golpe seco, rotundo, dejando al fin las cosas en su sitio: el exterior y sus ruidos fuera, el interior, cargado de dolor, dentro. Habían sido unos días muy complicados para Rubén y su familia, pero especialmente para el primero. Padre de familia adentrado en el sexto decenio, Rubén se sentó abatido en la cama, dejó la chaqueta en cualquier parte, y se quedó mirando al vacío. Su mujer trató de animarle, pero no consiguió hacerse escuchar. Acababan de llegar del entierro de su padre.

La noche fue tan mal como se podría esperar, y la mañana siguiente llegó plomiza y demasiado fría. El hombre se preparó un café que no paladeó y, todavía enfundado en su bata, se encaminó hacia el desván.

—No lo hagas todavía, Rubén —le recomendó su mujer desde el arranque de la escalera—. Está muy reciente y a lo mejor haces algo de lo que luego te puedas arrepentir.

El hombre se lo pensó antes de responder. Era cierto que no estaba del todo convencido.

—Hay cosas que deben hacerse cuanto antes —respondió apagado.

Y acto seguido se perdió escaleras arriba.

La puerta del desván creó un eco del que sólo el crujido de las puertas de desván son capaces. En aquel espacio la física parecía tener sus propias reglas: la luz estaba anárquicamente racionada, el polvo era parte indivisible del aire, y los sonidos del exterior zumbaban distorsionados. Rubén accionó el interruptor de la luz recordando al instante que tenía que haber reemplazado hace tiempo la bombilla fundida. Chasqueó con la lengua y, prácticamente a tientas, se adentró en aquella buhardilla arrastrando los pies. Una nube de polvo se levantó revoltosa a su paso, pero él no tenía ojos más que para un arcón rodeado de otras cajas de cartón.

Su hermana Sofía trajo aquello cuando recibieron la noticia de que iban a hospitalizar a su padre. Todo indicaba que sería la definitiva. Ella había tomado unos cuantos objetos personales que quería guardar, le dijo, y el resto se lo entregaba a él, ya que el padre así lo había querido. Rubén no sabía si quería o no aquellas pertenencias heredadas. Discutió con su hermana para luego aceptar quedárselas, con la idea de decidir sobre ellas *más adelante*. Habían pasado cuatro meses desde entonces.

Abrió el arcón sin distinguir en la penumbra nada de lo que allí dentro había. Introdujo ambas manos y extrajo lo que parecía una caja de madera. No estaba atento a lo que hacía, ya que estaba reflexionando sobre la existencia, la brevedad del ser, el cambio constante en el que el mundo entero está envuelto. Él se consideraba a sí mismo un hombre afortunado. Él y los suyos habían gozado siempre de salud, y hasta el episodio de su padre, no habían tenido que lidiar con la muerte de forma directa. Además, era un hombre próspero, algo que le vino fruto de interminables jornadas de esforzado trabajo que no le impidieron disfrutar de su tiempo libre. Era en este punto, donde se sentía más incómodo.

Su mujer siempre le había reprochado que no dedicase más tiempo a sus hijos ni a sus familiares. Él habría contado en principio con ese tiempo, pero en lugar de eso decidió invertir gran parte de él en su otra pasión, o pasiones, según se mire. Rubén era un consumado coleccionista. A lo largo de los años había logrado hacerse con una cantidad ingente de monedas, billetes, sellos, postales, antigüedades varias, libros, discos, cromos, revistas, y cualquier otra cosa de cierto valor susceptible de ser coleccionada. Aquellos archivadores, estanterías y mostradores repletos de sus más preciadas adquisiciones eran su otra vida.

Él no necesitaba que nadie le dijera que arrinconar a sus seres queridos a cambio de dedicarle toda su energía a sus colecciones era algo que estaba ciertamente mal. Era el primero que se lo decía a sí mismo. Se regañaba cuando había pasado una mañana entera colgado de un teléfono, en conferencia con un país exótico a la espera de conseguir una primera edición de un Goethe, o una discografía completa de Pink Floyd, o un juego de billetes de la Segunda República, en lugar de haber estado jugando con su hija, o paseando con su mujer, o charlando con su padre.

Su padre. Ahora él se había marchado dejándole allí solo, sentado en el sucio suelo del ático, levantando lleno de remordimientos aquellas cajas que le pesaban como si estuvieran chapadas en hierro forjado. Usó la manga de la bata para secarse un par de lágrimas que brotaron por su cuenta, aspiró la incipiente mucosidad, y abrió una caja. Lo que encontró en su interior le quitó el aliento. Acudió hacia un lugar donde pudiera tener más luz, y allí quedaron confirmadas sus sospechas. Entre sus manos había una rara colección de sellos canadienses y estadounidenses de principios del siglo XIX. Su padre los había conseguido a lo largo de los años, y él, teniéndolo ante sus propias narices, no había sido capaz de verlo. Inspeccionó el resto de cajas y descubrió que había muchas más piezas de colección únicas. Piezas por las que él habría pagado miles de euros, y a las que habría dedicado semanas enteras.

Su esposa lo vio bajar las escaleras que llevaban hasta la misma barra de la cocina. El caminar de Rubén era pesado, penitente, como si su bata hubiera recibido un baño de cemento fresco. El hombre se veía agotado, sin embargo, había un brillo en sus ojos que denotaban que se sentía liberado. Una sonrisa lo confirmó.

–Cariño –dijo a su esposa–, acabo de descubrir que he estado buscando la felicidad fuera de mí, en objetos y cosas, cuando la auténtica felicidad se halla en el interior, compartiéndola con todos, cada instante de mi vida. Desde este momento y hasta que me muera, he decidido que no coleccionaré más que momentos de Paz y Felicidad para compartir, empezando con mi familia y amigos.

———————————

La vida es muy corta.
¿Estás viviendo realmente la que quieres vivir?

> *El amor es la fuerza mas humilde y también*
> *la mas potente de que dispone el mundo.*
> GANDHI

MIRAR CON OTROS OJOS

El décimo día llegaba a su fin, y con él, la visita intensiva a Roma organizada por la facultad de Historia del Arte. Habían sido unas jornadas tan interesantes como agotadoras. Habían estado en lugares de inmenso interés artístico, que abarcaban un lapso de tiempo gigantesco: desde la antigua República romana, hasta la actualidad, pasando por el Imperio, el Medievo, el Renacimiento o el Barroco. Aquel viaje suponía poner en práctica buena parte de la teoría aprendida a lo largo de muchos cursos completos.

El grupo estaba reunido en una de las salas multiusos del hotel donde se hospedaban. Aunque aún seguían excitados por haber visto cumplido el sueño de muchos de ellos, era cierto que todos estaban exhaustos. Por ello, aquel ejercicio final no fue demasiado bien recibido por ninguno de los alumnos. Ni siquiera era popular entre los profesores, pero formaba parte del programa del viaje. A su término, tendrían la noche libre para salir a tomar algo por las calles del cercano Trastévere.

El ejercicio consistía en varios juegos con los monumentos y lugares visitados. A veces tenían que responder a preguntas tipo test, otras reconocer el sitio mediante imágenes, otras veces tenían que desarrollar por escrito lo que se les pedía, y finalmente, debían elegir un monumento y explicar ante el resto cuál y por qué era su favorito. Esto, que bien podría parecer una trivialidad, era un ejercicio bastante complejo, ya que la audiencia estaba muy especializada y no se podía decir cualquier cosa *porque sí*. "Las maravillas que habéis descubierto en Roma", lo titularon.

Uno a uno, los asistentes fueron razonando sus respuestas cuando les llegaba el turno. Como era de esperar, las elecciones fueron de lo más variado: el Panteón de Agripa, el Coliseo, los Museos Vaticanos, la Roca de la Verdad, el Altar de la Patria, el Foro, la Escalinata de la Plaza de España, las Termas de Caracalla, San Pedro del Vaticano, el Castel di Santangelo, San Juan de Letrán, el Palacio Barberini... Había tanto donde elegir que uno de los asistentes acertó a decir:

"Con los monumentos de Roma pasa lo mismo que con las canciones de los Beatles: puedes preguntarle a cincuenta personas cuál es su favorita, y posiblemente te encuentres con cincuenta respuestas distintas."

La prueba final siguió su curso hasta que le llegó el turno a Nerea. Nerea no era una alumna común: ella, a diferencia del resto, se había criado en el seno de una familia empobrecida a causa de la guerra, y aunque el destino había querido que fuera adoptada por un hogar español, de vez en cuando le afloraban sentimientos fruto de sus duras y tristes vivencias. La belleza hipnótica de Roma ayudó a que esto ocurriera.

—No sé que contestar —respondió al fin.

—¿Por qué, Nerea? —preguntó un profesor—. ¿Hay algún problema?

—No, no es eso —dijo ella tímidamente—. Es que hay tantas, que no sabría por cuáles decidirme.

Obviamente, ninguno de los profesores conocía los datos concretos de la procedencia de Nerea. Uno de ellos, viendo que la joven estaba bloqueada, pidió calma para darle algo más de tiempo.

–Relájate, Nerea –dijo–. Este ejercicio no es nada complicado para ti. Sólo recuerda una zona de la ciudad y céntrate en varios de los monumentos de allí.

Ella le escuchó, dio una profunda bocanada de aire y luego contestó con una gran sencillez.

–Para mí las maravillas que he descubierto en este viaje son: el poder viajar, conocer nuevos lugares y personas, ver la inmensa variedad de todo lo que la vida nos ofrece, también la capacidad de oír, de tocar, de saborear, de conversar, de aprender, de sentir, de reír, de amar... Hay tantas, que no paro de dar las gracias por todas las que tenemos a nuestro alcance y, muchas veces no solemos apreciar.

—————————

¿Ya has descubierto cuales son "las maravillas" en tu vida?

*La diferencia fundamental entre un hombre dormido y uno despierto,
es que el despierto lo toma todo como una oportunidad
de aprendizaje; mientras que el dormido
lo toma todo como una bendición o una maldición.*
GURDJIEFF

TENED MUY CLARO LO QUE DESEÁIS

Tened muy claro lo que deseáis, en los comienzos siempre hay que trabajar más, y los errores enseñan más que los aciertos, eran tres verdades que Amaia, la afamada entrenadora de gimnasia rítmica, inculcaba desde el principio a sus chicas. Su experiencia le había enseñado que, fuera cual fuese el caso, no había nada que contradijera estas tres grandes máximas. Para ilustrarlas con mayor claridad, usaba una historia que, aunque resultase difícil de creer, ella decía que había ocurrido en su ciudad natal.

Resultó que en dicha ciudad, aprovechando unos recursos naturales del subsuelo, había surgido una generación de empresarios de gran éxito. Eran jóvenes, atrevidos y con un sentido de los negocios más agudo que la vista de un halcón. Muy pronto empezaron a contar con grandes sumas de dinero, tanto que, por mucho que gastasen, siempre tenían más. Con el objetivo de saber qué poder hacer con tantos millones de euros, decidieron reunirse entre ellos. No tenían muy claro qué querían, pero todos estuvieron de acuerdo cuando uno de ellos propuso imitar la vida de la gente más rica del mundo.

Votaron que fundarían una organización, o mejor, un club, o mucho mejor aún, una sociedad secreta. Estuvieron muy satisfechos con la elección tomada, aunque no tanto cuando tuvieron que buscarle un nombre. Se celebraron sesiones diarias durante casi un mes antes de que, por agotamiento, encontrasen un nombre que agradase a todos. De cualquier modo dio igual, porque entre ellos se referían a sus reuniones con el nombre de "La Sociedad", y así se quedó.

Esto ilustraba el dicho: *En los comienzos siempre hay que trabajar más.*

De modo que La Sociedad fue tomando cuerpo durante largas y cada vez más repetidas, sesiones. En ellas, entre humo de habanos y mareos de escoceses, se fueron tomando decisiones más o menos polémicas con el fin de hacer de su ciudad un lugar más distinguido. Desde el principio estuvieron de acuerdo en que los especialistas en Historia, Patrimonio, o Arte, no eran más que unos entrometidos que no tenían ni idea de lo que suponía la auténtica grandeza, por lo que lo primero que decidieron fue darles la espalda. A continuación consensuaron que su población debería tener muchas rotondas, pues en medio de ellas se podían colocar enormes y costosas estatuas de escultores de exóticas nacionalidades. Luego mandaron levantar una torre gigantesca que pareciese tocase el cielo y que hiciera palidecer a los tan antiguos y desfasados campanarios. Más adelante pensaron que había que tirar el viejo ayuntamiento y levantar uno nuevo mucho más grande y moderno. Finalmente, habían decidido inundar la calle principal para crear así un canal por donde navegasen góndolas e hidropedales.

Llegó un momento en el que la ciudad estaba levantada y agujereada como un queso suizo, acometiendo las diferentes obras de, según La Sociedad, engrandecimiento y magnificencia de su trazado urbano. Sin embargo, a sus miembros todo aquello seguía sin parecerles suficiente: tenían que construir algo que fuera realmente majestuoso y distinguido, algo que hiciera que cualquiera que lo contemplase recordase a aquellos visionarios bienhechores que un día quisieron hacer de su ciudad el lugar más bonito del planeta. La solución llegó cuando, en medio de una resaca tempestuosa tras la fiesta de fin de año, uno de los miembros de La Sociedad vio el concierto de año nuevo en Viena. Definitivamente, lo que ellos necesitaban era una Ópera.

La idea caló de forma inmediata entre sus socios, quienes se pusieron manos a la obra desde el mismo enero. Después de conseguir los pertinentes permisos, tiraron abajo un molesto monasterio del siglo XVIII que estaba enclavado en el mismo centro de la urbe, se apresuraron en cubrir los restos con una manta de cemento –por si aparecía algún arqueólogo metomentodo–, y comenzaron a construir. Allí se levantaría un auditorio que debía tener capacidad para dos mil quinientas personas bien acomodadas.

No se escatimó en gastos ni en recursos. Se trajeron los mejores expertos constructores, se compraron las mejores máquinas y herramientas, se contrataron a los arquitectos de mayor renombre, a los artistas de moda para pintar las paredes, hacer las butacas, esculpir las estatuas. También se hicieron con los servicios de un equipo de expertos en acústica, así como con los mejores ebanistas y los más caros pulidores de mármol. Cuando la Ópera estuvo terminada, sólo dos años después, su presupuesto se había inflado tanto que el coste final era cuarenta veces superior al inicial. Esto, lejos de echar atrás a los miembros de La Sociedad, les hizo llenarse de orgullo, por lo que organizaron una ceremonia de apertura por todo lo alto, con banquete pre-concierto, concierto y fiesta post-concierto. Anunciaron a los cuatro vientos el evento antes incluso de tener perfilados todos los detalles del mismo. Sin duda, encontrar la ópera adecuada para la inauguración no era un tema menor, pero aunque ninguno de los miembros de La Sociedad lo quisiera reconocer, nadie tenía la menor idea de qué era exactamente una ópera.

De modo que, más atareados en encontrar un atuendo apropiado y un coche deslumbrante para la ocasión, dejaron la elección de la obra a un comité de expertos formado por algunos de los hijos de los miembros que, además de haber terminado —o casi— secundaria, tenían conocimientos de internet nivel usuario. Estos chicos, interrumpiendo una interesantísima liga de Pro Evolution Soccer, accedieron a realizar el cometido que les fue impuesto. Teclearon las palabras clave "mejor ópera de la historia" en el buscador de Bing y, tras leer los primeros resultados de una lista interminable, decidieron que la ópera elegida debía ser *El ocaso de los dioses*, de Richard Wagner. Muy contentos, los miembros de La Sociedad buscaron a la mejor compañía del mundo que pudiera representar una obra de tal magnitud. Tardaron en encontrar una que se adecuase a sus faraónicas pretensiones, pero finalmente dieron con ella. Ahora sí que sí, ya estaba todo listo para la gran fiesta de inauguración.

El banquete transcurrió como estaba planeado: una sucesión de entradas triunfales en coches de lujo, muestrario de joyas fabulosas y abrigos de pieles impresionantes, seguido de una opulenta comilona salpicada de discursos fuera de lugar. Luego se dirigieron prestos a ocupar sus puestos en los palcos de honor, treinta y dos, uno por cada miembro de La Sociedad. Las luces se apagaron, se descorrió el telón, y la obra comenzó con un aplauso atronador debido a la emoción del momento.

Pasada la primera media hora de representación, casi todos los miembros de La Sociedad estaban aburridos, siendo testigos de una ópera que, si bien estaba llena de colorido y luz, era cantada en una lengua de la que no entendían ni los silencios. Además, los actores tenían unas voces que a algunos de ellos les resultaban ciertamente molestas. Decidieron tener paciencia.

Pasada la primera hora, los bostezos eran difícilmente reprimibles entre los ocupantes de los palcos, quienes, con tal de no pasar vergüenza ante los demás reconociendo su total desconocimiento de lo que habían ido a ver, aguantaron como pudieron aquella música extraña. "Ha pasado una hora, estamos cerca del final", se decían.

Una hora y media después, la ópera seguía y seguía sin dar pistas de que el final pudiera estar cerca. Los bostezos y la inquietud en los palcos era ya más que evidente, pero nadie se atrevía a moverse de su asiento por miedo a un posible ridículo ante sus iguales. "Una hora y media, ya no debe quedar mucho", pensaban.

Un poco antes de las dos horas, y en lo que todos pensaron aliviados como el final, llegó el descanso del fin del primer acto. En lugar de quejarse amargamente como era su deseo, los miembros de La Sociedad aprovecharon para comentar entre ellos lo mucho que estaban disfrutando de aquella obra, lo maravilloso que era todo —aunque, claro, a los actores se les notase por el acento que no eran alemanes de nacimiento—. Y mientras tanto, bebieron tantos *gin tonics* como tuvieron tiempo. Volvieron a sus asientos con resignación al anunciarse que se reiniciaba el espectáculo.

Pasaron unos treinta minutos tras la reanudación cuando los miembros de La Sociedad, realmente cansados, comenzaron a cuchichear entre ellos, intentando no ser vistos por los demás. Una hora después, el murmullo entre los palcos había subido tanto, que uno de los tenores tuvo que parar la obra ante la indignación de los asistentes. Hubo un gran jaleo, con acusaciones que iban de un lado a otro del teatro, en un nada musical ni cívico *in crescendo*. Viendo el cariz que tomaban los acontecimientos, el director subió a los palcos para preguntar qué estaba ocurriendo.

–Esto es un escándalo –exclamó uno de los más veteranos de La Sociedad–. ¡Esta obra no tiene fin!

–Pero, señor –se defendió el director–, si sólo vamos por la mitad...

Amaia solía cortar la narración de la historia llegados a este punto. Entonces recordaba a sus aturdidas alumnas: *Tened muy claro lo que deseáis* para evitar que, tras emplear mucho tiempo y esfuerzos, al final os deis cuenta de que lo que habéis conseguido no era lo que realmente queríais. Pero no os preocupéis demasiado, decía, ya que aunque esto os ocurra, *los errores enseñan más que los aciertos*: lo realmente importante son las experiencias de vida que tenéis y las enseñanzas que sacáis de las mismas.

¿Has reflexionado bien sobre lo que realmente deseas?

No pretendamos que las cosas cambien, si siempre hacemos lo mismo. La crisis es la mejor bendición que puede sucederle a personas y países, porque la crisis trae progresos. La creatividad nace de la angustia como el día nace de la noche oscura. Es en la crisis que nace la inventiva, los descubrimientos y las grandes estrategias. Quien supera la crisis se supera a sí mismo sin quedar superado. Quien atribuye a la crisis sus fracasos y penurias, violenta su propio talento y respeta más a los problemas que a las soluciones. La verdadera crisis, es la crisis de la incompetencia. El inconveniente de las personas y los países es la pereza para encontrar las salidas y soluciones. Sin crisis no hay desafíos, sin desafíos la vida es una rutina, una lenta agonía. Sin crisis no hay méritos. Es en la crisis donde aflora lo mejor de cada uno, porque sin crisis todo viento es caricia. Hablar de crisis es promoverla, y callar en la crisis es exaltar el conformismo. En vez de esto, trabajemos duro. Acabemos de una vez con la única crisis amenazadora, que es la tragedia de no querer luchar por superarla.

Albert Einstein

BANDERAS

Pasaban los días y el fervor nacionalista seguía aumentando. En las calles, en los medios de comunicación, en los cafés, en los mercados, en las tiendas... nadie hablaba de otra cosa desde que aquella competición deportiva comenzara. Las equipaciones de los diferentes países participantes empezaron a proliferar por todas partes; en los bares y demás lugares donde se instalase una pantalla no cabía un alma en horario de partidos; los cánticos y alaridos estaban permitidos, independientemente de si era hora de descansar o no.

Para Fátima todo aquello era un completo disparate. Ella opinaba que había asuntos más importantes por los que estar preocupados, como las desigualdades, la pobreza, la injusticia...

–La mayoría de ellos ha perdido su trabajo y tiene problemas de dinero, y en vez de intentar cambiar su situación, prefieren abandonarse a ese estúpido deporte –solía decir a quienes tenía cerca.

Pero lo que sin duda peor llevaba era el tema de las banderas. En su afán por demostrar al mundo el amor incondicional al país propio, los vecinos de Fátima –así como buena parte del resto de la ciudad– decidieron colgar de sus balcones las insignias patrias. Como ella vivía en un barrio famoso por su multiculturalismo, la variedad de banderas era propia de las Naciones Unidas. Parecía que los paisanos de los diferentes países habían entrado en competición entre ellos para ver quien era capaz de colocar más banderas que nadie.

Fátima asistía perpleja a aquella demostración de fuerza que veía rígida, arcaica y absurda. Ella, como gran parte de sus vecinos, era inmigrante. Había tenido que salir de su hogar muy joven y luego pasar penalidades en diferentes lugares hasta por fin establecerse. Se consideraba una persona independiente, con un sentido de la libertad tan elevado que las fronteras le parecían una estupidez, un invento artificial para dividir, encasillar y separar personas libres. Las banderas, por lo tanto, tampoco la entusiasmaban demasiado.

Pero el mundo seguía girando alrededor y, muy a su pesar, en un sentido contrario a su forma de pensar. Ocurrió que los miembros de su comunidad, arrastrados por la vorágine, le pedían cada vez con mayor insistencia, que ella colocase también una bandera de su país de su balcón.

–¿Qué te pasa? ¿No estás orgullosa de tu país? –inquirían unos.

–¿Te has olvidado de los tuyos? –preguntaban otros.

–Estas traicionando a aquellos que siempre te han apoyado –llegaron a decirle.

Incluso su marido, vencido por las presiones que a todas horas recibía, discutió con ella por este motivo.

–No pienso colocar ese trapo del balcón –gritó ella fuera de sí–. Eso es lo que son las banderas para mí: trapos de colores que usan los poderosos para tenernos dominados a los pobres.

–Son nuestros compatriotas –argumentó su marido–, no podemos dejarles de lado así como así.

–Esos holgazanes deberían meterse en sus propios asuntos; como encontrar trabajo, por ejemplo. Te recuerdo que nosotros apenas tenemos con lo que vivir, y sin embargo piensas que poner un trapo ahí fuera es un problema prioritario.

Estuvieron discutiendo por un buen rato, y fue tan poderosa la pelea, que no se dieron cuenta de la enorme tormenta de verano que se había desatado sobre la ciudad. El granizo y el viento habían azotado con furia sólo por unos minutos, pero lo suficiente como para arrancar la mayoría de las banderas de los balcones vecinos. Las pocas supervivientes que aún colgaban, no eran más que jirones. Fátima abrió mucho los ojos al verlo.

–Acepto –dijo a su marido de pronto–. Podré una bandera en el balcón. La más grande que haya.

Y eso hizo, inmediatamente además. Pero también dejó un mensaje escrito que decía:

Taller de costura. Precios económicos.
Se cosen, remiendan, lavan y planchan banderas.

¿Estás preparado para aprovechar las oportunidades
cuando se presentan?

La más alta norma moral es que trabajemos
por el bien de la humanidad sin descanso.
GANDHI

¿HACIA DÓNDE VAMOS?

Después de la visita a la fábrica, el guía llevó a los visitantes, jóvenes estudiantes de economía, a la cantina –una versión idealizada de una cantina al menos–, donde ofrecieron las bebidas refrescantes que allí producían. "Recién hechas", repitió el guía varias veces con especial énfasis. Luego dieron a cada uno de los visitantes un cuaderno y un pequeño estuche que contenía lápiz, goma de borrar y sacapuntas, todo debidamente serigrafiado con las insignias y colores corporativos. Explicaron que les iban a pasar a una sala de proyecciones donde verían una película. Ésta fue un documental sobre la historia de la corporación desde sus orígenes hasta el día de hoy. El cuaderno era para toma de notas y apuntar preguntas, que serían contestadas por el director comercial en la última parte de la visita.

La película resultó muy interesante, tal vez demasiado larga, a juicio de la opinión general, pero llena de detalles sabrosos. Parecía imposible que una empresa tan importante, tan presente en la vida de todos desde hacía décadas, tuviera datos que permanecían ocultos para la mayoría. Y así era. Los detalles que más llamaron la atención eran los relacionados con la cantidad de países donde la compañía operaba, el número de clientes diarios y anuales, cuántos empleados dependían de ellos, tanto directa como indirectamente, y sobre todo, el volumen de negocio que facturaba.

–Después de haber casi saturado el sector de *comida rápida* en los países de Occidente, por fin hemos conseguido posicionarnos en el mercado asiático –contestó a la primera pregunta el director comercial, Eloy Martín–. La compra de la compañía líder japonesa en restaurantes de comida rápida resultó fundamental para esto. Ahora, con la potente campaña publicitaria que hemos diseñado, y que prevemos que se iniciará a inicios de la temporada de verano, esperamos un mejor resultado.

Los visitantes asintieron y apuntaron en sus cuadernos.

–El dominio de toda la cadena empresarial, desde las actividades principales a todas las actividades de *apoyo*, nos permite maximizar la creación de valor para nuestros accionistas, mientras controlamos y minimizamos los costos ofreciendo productos que, además de económicos, tienen un sabor único. Nuestra competencia está a años luz: somos imbatibles.

De nuevo los lápices fueron dibujando las letras en los cuadernos, reflejando las palabras –sabias, en opinión de la mayoría– de Eloy Martín.

–Podemos decir a día de hoy, y sin sentir miedo al hacerlo, que no tenemos competencia allí donde estamos presentes. Además de nuestra célebre cadena de hamburgueserías, el grupo tiene el control de la líder en pizzerías así como de las mejores franquicias de cafeterías, heladerías, tiendas de donuts, bocadillos y pastelerías. Y eso por no mencionar nuestra reciente fusión con la número uno en producción de refrescos y zumos naturales. Y como habéis tenido la oportunidad de ver en el documental, ya hemos dado el salto a las bebidas alcohólicas, productos precocinados, snacks, y por supuesto, nuestra nueva variante de productos gourmet, lo que nos ha facilitado abrir una nueva cadena de restaurantes no especializados en comida rápida, pero a precios económicos, con un crecimiento espectacular.

Una mano se levantó entre el grupo de cabezas bajadas que tomaban apuntes. El señor Martín le señaló para que preguntase, como venía haciendo hasta ahora.

–Me gustaría saber hacia dónde se dirige la corporación –preguntó una joven.

–Bueno, eso es difícil de contestar, ya que el mercado es impredecible, y por supuesto que no tenemos una bola de cristal para saber lo que va a ocurrir –se paró unos instantes para retomar el aliento y dejar que las risas surgidas se apagasen–. Pero podemos aventurarnos a decir que, muy seguramente, de aquí a unos diez años nos hagamos con el control del mercado de la restauración. Ya saben que por las leyes anti-monopolio no podemos hacernos con todo, pero sí que podemos asegurarnos de que nuestra tajada sea más importante que la de todos nuestros "rivales" –acompañó las comillas con un gesto de sus manos– juntos.

–Creo que no ha entendido mi pregunta, señor –interrumpió la misma chica–. Me refería a cuál es el objetivo de la corporación una vez logrado ese objetivo a diez años.

Los asistentes volvieron a dirigir su mirada hacia Eloy Martín con cierta curiosidad.

–Bien, si te digo la verdad, nunca nos habíamos planteado la situación en un escenario tan favorable, por agradable que resulte. Pero estoy convencido que el departamento de desarrollo está trabajando en ello. Siguiendo la línea de nuestra compañía, lo más probable es que varios años antes de que la competencia quedase neutralizada, ya estuviéramos trabajando en dar el salto a otros modelos de negocio con sinergias con los actuales. No lo sé a ciencia cierta, pero a lo mejor iríamos a por las grandes empresas de pesca, procesamiento, distribución y venta de pescado, por ejemplo.

–¿Y después de eso, señor Martín? –volvió a preguntar la chica–. Ya hemos visto que son capaces de hacerse líderes en todo lo que deseen. Y por las cifras que mueven ya sabemos que más dinero no necesitan. ¿Qué harían entonces? ¿Hacia dónde se dirigirían?

El señor Martín se encogió de hombros.

–Posiblemente cambiaríamos de sector –contestó sin darle mayor importancia–. Aplicaríamos nuestras exitosas técnicas y, aprovechando nuestros fondos inagotables, pelearíamos por posicionarnos por delante de la competencia.

–¿Y después?

–Pues lo mismo –contestó el señor Martín perdiendo la paciencia–. Dígame, joven, ¿adónde pretende llegar con esas preguntas?

–No tengo ni idea, como le pasa a ustedes –respondió ella–. Pero me llama mucho la atención que no mencionen en absoluto temas como la satisfacción de sus empleados, la protección del medio ambiente, o devolver a la sociedad todo lo que obtienen de ella. Es muy loable ganar dinero, cuota de mercado, ser líderes en el sector, etc., pero dentro de poco tiempo un negocio que no sea *responsable*, no será negocio, y un negocio que no tenga una clara implicación social, tampoco será rentable. Cada vez será mas difícil estar presente en una *economía de mercado* como la que hablan ustedes, sin que lleve muy unida una *economía social y sostenible* de la que no hablan para nada. Una economía en la que se cuide de igual forma a los accionistas, empleados, clientes, proveedores, organizaciones sociales, medio ambiente, etc. Es posible tener éxito empresarial haciendo el Bien. Lo que hay detrás de esto se llama *confianza; confianza* en todo y en todos. Cada vez hay mas personas conscientes que escogerán donde comprar o, en su caso, comer, y si no priorizan estos aspectos, por muchos fondos que tengan, su éxito será efímero y terminarán desapareciendo.

Eloy Martín se quedó callado, por primera vez, sin saber qué replicar, mientras los estudiantes aplaudían la intervención de su compañera.

———————————

Y tú, ¿sabes hacia donde vas?

Comienza a manifestarse la madurez cuando sentimos
que nuestra preocupación por los demás
es mayor que por nosotros mismos.
ALBERT EINSTEIN

¿DESDE DÓNDE TOMAMOS NUESTRAS DECISIONES?

Era una noche oscura, especialmente al verse desde el asiento de conductor. Era una carretera nacional, simple, de doble sentido, sin más luces que alguna señal reflectante. Tampoco había luna. Las condiciones no eran las mejores para pisar el acelerador y, sin embargo, Daniel daba gas sin parar. Que estaba apurado, era algo evidente. Él, hombre casado de cincuenta y seis años, hacía mucho que había dejado de ir con prisa a los sitios, sobre todo cuando conducía. Pero ahora todo era distinto.

Había recibido una llamada desde el hospital. Fue un hombre, un enfermero de urgencias quien le llamó. Había habido un accidente que implicaba a cuatro jóvenes, siendo una de ellos Estela, su hija de veinte años. Habían trasladado a los cuatro al hospital de inmediato y, en el momento en el que el asistente sanitario llamó, les habían pasado a observación. Al parecer, durante el accidente se habían confundido las pertenencias de los muchachos, por lo que el enfermero no pudo dar más detalles. Tenía que presentarse en el hospital lo antes posible.

Eso fue hacía una hora y, pese a los esfuerzos de Daniel por llegar antes, todavía tenía por delante un buen trecho. En ningún momento pensó que de seguir corriendo así, bien podría verse envuelto él también en un accidente. Su mente estaba fija en Estela, su niña, el gran amor de su vida. Tal vez el cúmulo de situaciones que mezcló las prisas, la inquietud, la negra noche y las pésimas condiciones de la carretera, hizo que Daniel no viera, o al menos no previera, el extraño movimiento que hizo un coche que venía en sentido contrario.

Había invadido su carril y se dirigía directamente hacia él. Daniel no tuvo tiempo ni de girar o darle las largas, sólo pudo esquivarlo echándose a un lado como pudo. Cuando su coche estaba rozándose violentamente contra el quitamiedos, el otro dio un nuevo y milagroso volantazo que lo sacó de allí en el último suspiro. Eso salvó la colisión, aunque Daniel vio por el retrovisor que aquel otro coche no pudo mantener el control: derrapó y finalmente se salió de la carretera por el otro lado.

Lo primero que hizo fue frenar, pero lleno de dudas y alterado, no llegó a detenerse del todo. No quería que nada le entretuviera en su camino hacia el hospital. Temía no volver a ver a su hija. Sin embargo sabía que debía ir a socorrer a los ocupantes de aquel coche, al menos ver si estaba todo bien. Pero su hija le necesitaba. Él conocía aquella carretera a la perfección y, pese a que apenas se veía nada, sabía que el coche siniestrado había ido parar a un desnivel no demasiado pronunciado que terminaba en un campo de cultivo.

"Lo más seguro era que haya terminado aplastando matas de algodones", se decía Daniel a sí mismo para tranquilizarse.

Pero al mismo tiempo pensaba que, a la velocidad que iba, era más que posible que hubiera volcado una o varias veces. Hizo el amago de parar, pero una vez más, su hija en apuros volvió a su cabeza. Siguió adelante lleno de confusión, culpa, e incluso miedo. Por unos instantes consiguió deshacerse del desconcierto que le abotargaba y decidió llamar a una ambulancia para que acudiese al lugar del posible siniestro. Pensó que era todo lo que podía hacer, contando por seguro con que por nada en el mundo se detendría.

Unos cuarenta minutos después, Daniel llegó a urgencias. Dejó el coche mal aparcado en cualquier lugar con las luces encendidas y salió disparado hacia el mostrador de recepción. Creyó que las piernas no le sostendrían cuando vio a Estela dirigirse directamente hacia él de una pieza y por su propio pie. Rompió a llorar de la emoción mientras la abrazaba. La joven le devolvió el abrazo también conmovido por el estado de su padre, acariciándole el pelo para tranquilizarle.

–¿Cómo estás? –consiguió preguntar por fin Daniel.

–Muy bien, papá, no me ha pasado nada.

El hombre se separó unos instantes de su hija para echarle un vistazo. La joven no tenía ni un rasguño.

–¿Qué ha pasado? –interrogó él.

–Una cosa horrible, papá –empezó a contar ella–. No he pasado más miedo en mi vida. Íbamos en el coche de Jorge. Veníamos de la playa. Y no sé qué ocurrió. Yo iba distraída charlando con Estefi. En un momento dado, dimos un volantazo. Jorge había invadido el sentido contrario, se había quedado dormido, o algo así. Entonces Pedro le avisó, o cogió él el volante, y por eso, para esquivar al que venía de frente, dio el volantazo.

Daniel tragó saliva antes de volver a hablar.

–¿Y qué pasó luego? ¿Os chocasteis con algo?

–¡Qué va! Íbamos por una carreterucha de esas de pueblo, así que no había nada contra lo que chocarse. Nos salimos por el arcén hacia la nada. Estaba muy oscuro, así que podía haber habido allí cualquier cosa, pero por suerte sólo había un terraplén. El coche volcó y dio varias vueltas de campana. ¡Qué susto, papá! Menos mal que llevábamos el cinturón puesto.

–Menos mal –exclamó Daniel casi sin aire, pálido por lo que estaba oyendo–. Sigue.

Cuando el coche se detuvo, Estefi y yo salimos por una ventanilla, pero los chicos no podían seguirnos. Pedro estaba inconsciente con sangre en la sien, y Jorge se había quedado atrapado boca arriba sujeto por el cinturón. No lo podíamos sacar de allí. ¡Qué miedo pasamos!

–¿Y cómo lo solucionasteis? –tartamudeó Daniel.

–Estefi y yo estábamos muertas de miedo. Yo cogí un teléfono que había por allí tirado que no sé si sería de Pedro o de Jorge, pero que mío no era. Llamé a urgencias, pero no sabía decirles dónde nos encontrábamos con exactitud. Les guié como pude, pero ni Estefi ni yo sabíamos dónde estábamos. Ninguna de las dos conocemos el camino.

–¿Entonces?

–Entonces apareció nuestro salvador –contestó la chica iluminándosele la cara–. Era el hombre con el que casi nos chocamos, que había parado y vuelto a ver cómo estábamos. Él llamó de nuevo a la ambulancia para indicarle nuestra posición exacta, pero lo más importante es que consiguió sacar a Jorge del coche. Lo tendió en el suelo y allí lo auxilió. Se había hecho un corte muy feo en la pierna. Sangraba mucho, y de no ser porque él consiguió cortar la hemorragia, es posible que se hubiera desangrado antes de que llegase la ambulancia. ¡Menos mal que vino aquel hombre a por nosotros! Es maravilloso, ¿verdad papá?... ¿Papá?

¿Hasta dónde te ocupas también por los demás?

*Si vives y trabajas en el mundo, actúa siempre de acuerdo
con la más alta moralidad, en privado y en público.
Procura ser siempre honrado en tus palabras
y tus obras, en privado y en público.
Ten calma y paciencia, en privado y en público.
Aprovecha cualquier oportunidad para
servir a los demás, en privado y en público.
Muéstrate amable y cariñoso con tus hijos,
en privado y en público.*
TAITTIRIYA UPANISHAD

LA HONRADEZ

Llegó el día en el que plazo quedó cerrado y, tal y como se temieron, el número de solicitudes era desmesurado.

–Tranquilos –les dijo a sus subordinados el Secretario General–, todavía tenemos que revisar las solicitudes una por una. Recordad que estamos buscando a una sola persona para el importantísimo puesto de Tesorero Provincial de la Hacienda Pública, por lo que es normal que se hayan presentado tantos. Pero no todos cumplirán todos los requisitos que pedimos. Ya veréis cómo se cae una gran parte.

Los trabajadores hicieron caso a su superior y procedieron a ir revisando las demandas de forma individual. Esta tarea les llevó una semana completa. El resultado daba la razón al Secretario General: la mitad de las solicitudes no reunían todos los requisitos pedidos para el puesto. Aún así, la cantidad de aspirantes seguía siendo demasiado elevada.

–No os preocupéis –volvió a tranquilizar a su equipo el Secretario General–, realizaremos entrevistas personales y descubriréis que un alto porcentaje de ellos tampoco dan el perfil.

Prestos, los funcionarios citaron a los candidatos y organizaron baterías de entrevistas personales mañana y tarde, que duraron otra semana. Al recibir los informes de éstas se demostró que, de nuevo, el Secretario General había vuelto a acertar: sólo la mitad de los opositores restantes había superado la prueba. Sin embargo, seguían siendo tantos que el problema estaba todavía lejos de ser resuelto.

–Estamos en el buen camino –dijo muy sosegado el Secretario General–. Ahora debemos someter a los que quedan a una ronda de tests de inteligencia, de personalidad y psicotécnicos varios.

Su equipo se puso manos a la obra y, una semana después, la ronda de tests había sido completada. Los resultados fueron arrojados por el ordenador central en unas pocas horas. Una vez más, el Secretario General tenía razón, pues sólo la mitad de los solicitantes había completado los exámenes de forma satisfactoria. Y una vez más, seguía habiendo demasiados supervivientes en el proceso de selección.

–Perfecto –dijo el Secretario General rebosante de optimismo–. Ahora sólo queda hacerles el último examen.

–Pero señor –repuso su asistente personal–, siguen siendo muchos como para que un sólo examen dictamine cuál es el más adecuado. Son todos grandes estudiosos que han superado todas las pruebas a las que les hemos sometido. No hay examen que pueda con ellos.

–Será un examen muy especial, –respondió el Secretario General– ya que solamente podrán responder a las preguntas con el contenido procedente de un único manual. Uno nuevo que les será entregado en breve.

—Se lo repito, señor, son muy eruditos y podrán dominar cualquier cosa en cuestión de días.

—Confía en mí, yo me encargaré del manual y de las preguntas —se limitó a contestar el Secretario General.

Sus subordinaros se quedaron mirándose entre ellos sin comprender qué pretendía su jefe, pero obedecieron. Anunciaron el examen final, dieron las señas del único manual que debía servir como fuente, prepararon el examen y, una vez realizado, lo corrigieron. Como ya esperaban, todos los exámenes estaban impecables, merecedores de Matrícula de Honor sin excepción. Todos menos uno, que salvo una línea de escritura, había dejado todo lo demás en blanco.

—¿Qué dice en esa línea? —se interesó el Secretario General.

—Que no puede completar el examen porque en el manual indicado no había ninguna información para responder a las preguntas —contestó su asistente.

—Y tiene razón —agregó el Secretario General—. El manual que les encargué era de nivel de educación primaria. Todos menos este chico, al ver que el manual no era capaz de responder a ninguna pregunta, y temiendo no tener suficiente información para el examen, buscaron en otros manuales más complejos. Sin embargo este muchacho ha sido honesto, ha seguido las indicaciones que les dimos, y por lo tanto no ha podido responder ninguna pregunta con ese contenido. Estamos buscando a un Tesorero Provincial de la Hacienda Pública: necesitamos a alguien, además de erudito, honesto. Sin duda, el puesto es suyo.

¿Hasta donde llegarías por obtener un buen trabajo?

Vengo a ti con nada en las manos, dijo el discípulo.
Entonces suéltalo enseguida, dijo el maestro.
Pero cómo voy a soltar la nada, respondió el alumno.
Entonces, llévatela contigo, respondió el maestro.
BUDISMO ZEN

SABER SOLTAR A TIEMPO

El verano seguía avanzando, habiendo alcanzado ese punto en el que los días se estiran hasta casi eternizarse y los termómetros parecen a punto de explotar. Aunque ambos detalles pierden toda su importancia cuando se tienen trece años y las mejores vacaciones por delante. Como casi cada tarde, Laura y Marta habían acudido a la piscina municipal una hora después de comer, cuando el sol dejaba caer a plomo sus rayos. Una vez allí, las chicas se reunieron con el resto de la panda, un selecto club social donde, de momento, era requisito fundamental pertenecer al género femenino.

Así, dividiendo el tiempo en tres tipos de baño –agua, sol y sombra– que se iban alternando entre ellos sin orden lógico, ellas pasaban las horas muertas. Jugaban a las cartas, veían vídeos y ojeaban revistas en alguna *tablet*, chateaban en grupo con otras amigas pero sobre todo con amigos, y charlaban sin descanso. Cualquiera que tuviera la ocasión de contemplar la actividad del grupo desde fuera, diría –y no falto de razón– que todos los días eran una repetición exacta y sistemática del anterior. Pero ellas hubieran dicho que no, y si bien no hubieran aportado ninguna prueba convincente, sabían que ese rato con sus amigas era único.

Posiblemente, el secreto de la diversión de estas chicas en sus monótonas reuniones estaba basado en el contenido de las inagotables e ininterrumpidas conversaciones. Estas giraban alrededor de una décima parte sobre los contenidos de la televisión e internet —esto es: famosos, series, espectáculos, músicos, o participantes de programas de mayor o menor calidad—, y una parte restante abrumadoramente mayoritaria sobre chicos. Chicos por aquí y chicos por allá, del colegio, de la piscina, de la red social de moda, amigos del barrio, amigos de amigos, familiares de amigas, conocidos de las vacaciones, y un largo etcétera de posibilidades.

Las risas estaban aseguradas, ya que siempre había un nuevo tema sobre el que tratar, incluso cuando Laura y Marta ya no estaban en la piscina, a través de la mensajería instantánea de sus *smartphones*. A veces había alguna discusión derivada de problemas surgidos de los chicos, pero casi siempre era debido a malentendidos que no conseguían desquebrajar la firme alianza de las chicas de la piscina.

Aquella tarde, cuando el sol ya había hecho buena parte de su recorrido diario pero todavía tenía cuerda para unas cuantas horas más, Laura y Marta recogieron sus cosas y se encaminaron a la salida. Marta tenía un compromiso familiar al que sí que no podía negarse. Laura, como buena amiga que era, y para no hacer el trayecto de vuelta a casa sola, la acompañó. Seguía haciendo calor, pero a diferencia de las últimas semanas, corría una agradable brisa que las animó a volverse caminando por el parque.

—Mira quién se acerca por allí —susurró Laura.

—¿Quién? —preguntó Marta desprevenida.

—Es Adán.

—¿Qué?

–¡Disimula! –exhortó la chica.

–¡Ay, tía que viene para acá! –exclamó Marta nerviosa.

–Tú levanta la cabeza y haz como si nada –recomendó Laura sin conseguir que su amiga le hiciera mucho caso.

–Hola –dijo el chico.

–¡Hola! –contestaron ambas amigas al unísono.

–¿Dónde vais? –se interesó él con menos desparpajo del que pretendía.

–Vamos de vuelta al barrio –respondió Laura.

–¿Os puedo acompañar?

–Es que tenemos pri.. –fue a contestar Laura antes de que Marta le interrumpiese.

–Sí, vente con nosotras.

Laura lanzó a su amiga una mirada sazonada de incredulidad y desaprobación, pero no añadió nada más. De modo que los tres hicieron el camino andando por el parque. Hablaron de algún tema falto de sustancia que ninguno de los tres sería capaz de poner en pie posteriormente. En realidad hablaron Adán y Marta, una vez que ésta consiguió vencer la timidez. Laura no intervino en las conversaciones más que cuando era requerida, y entonces contestaba "sí" o "no" o "no lo sé" lo más seca que podía. Al fin, muy cerca de casa de Marta, el chico se despidió diciendo que se iba a casa de su padre, que le dejaría un mensaje en el *Tuenti* –que previamente habían intercambiado– y que se verían un día de estos.

–Marta, tía, –la increpó Laura nada más que tuvo ocasión–. No me lo puedo creer, que ese tío había estado liado con Sara.

–Sólo hemos hablado –contesto Marta.

Laura siguió inquiriendo a su amiga el resto del camino que hicieron antes de separarse, pero ésta última no dio mayores detalles. Luego, una o dos horas después, Laura empezó a enviarle mensajes al teléfono por el mismo motivo. Hablaron por la noche, una vez que los compromisos familiares terminaron, y el tema seguía siendo el mismo. A la mañana siguiente, antes de verse, Laura volvió a la carga con los mensajes, y una vez más, lo repitió al verla antes de ir a la piscina.

—Eso fue ayer, tía —le contestó Marta calmada pero seria—. Adán no está en mis pensamientos pero sigue ahí, metido en tu cabeza todo el rato.

—Es que me tiene preocupada —replicó la amiga.

—¿Te tiene preocupada? ¿En serio? ¿Y qué ganas preocupándote con algo que a ti ni te va ni te viene? ¿Qué ganas con traer esto una y otra vez? Dime.

¿Cuánto tiempo tardas en soltar lo que ya ha pasado?

*La meditación no es una evasión, es un sereno encuentro
con la realidad. La persona que practica atención mental
debe estar tan despierta como el conductor de un coche:
si no está despierta le poseerán la dispersión y el olvido.*

THICH NHAT HANH

¿SOY CONSCIENTE DE LO QUE PIENSO, DIGO O, HAGO?

La última gota de lluvia apenas había caído cuando el sol volvió a abrirse paso entre las nubes. Éste era el único detalle para que aquel pedazo de bosque terminase de parecer sacado de un cuento oriental. La luz del mediodía impactaba con fuerza sobre el ramaje y hacía refulgir el verde de las hojas en el suelo, a media altura, y más allá, hasta donde se perdía la vista. Sobre sus cabezas, cientos de pájaros cantaban en un ruidoso coro de lengua animal.

–No me lo puedo creer –dijo Ernesto–, acaba de terminar de llover y ya vuelve a hacer calor.

–Estamos en el trópico –contestó Jaime–. Aquí siempre es así.

–¿Me llevo los chubasqueros por si acaso? –preguntó Ernesto.

–No –respondió Jaime severo, casi autoritario–. Déjalos en el coche. Allí arriba no los vamos a necesitar. ¡Andando!

Los dos jóvenes se encaminaron hacia la escalinata excavada en la roca que se abría paso entre la salvaje vegetación. La lluvia había formado pequeñas cascadas que caían por los escalones y que sorteaban las distintas raíces y piedras en su carrera hacia los charcos del suelo. A veces faltaban peldaños, o éstos eran demasiado altos, o estrechos, por lo que los chicos tenían que emplearse a fondo y ayudarse con los brazos en la escalada. Pronto el barro acompañaba al sudor en sus ropas. Pero ningún obstáculo conseguiría impedirles llegar hasta lo más alto. Allí les esperaba el Gran Maestro.

Cuando ambos habían puesto sus pies en la cima, comprobaron con cierto desánimo que el paisaje no había cambiado demasiado. De hecho aquella jungla seguía siendo tanto o más intrincada que donde aparcaron el coche, unos cuantos metros más abajo. Pero había una salvedad: enclavada entre la vigilancia de un par de ficus milenarios, y casi cubierta por completo por la floresta, había una casa hecha de juncos y cañas de bambú.

—Ahí es —dijo Jaime sin mirar a su compañero—. Vamos.

Los muchachos atravesaron el espacio salvaje que les separaba de las puertas de la casa fascinados por cómo podría vivir alguien en aquel lugar. Recordando la tradición del país, se desataron las pesadas botas antes de cruzar el umbral. También dejaron en la entrada las pesadas mochilas. Descalzos, fueron adentrándose en la casa con sigilo, dejando con calma que sus ojos se acostumbrasen a la oscuridad reinante. Casi a tientas, pronto dieron con la estancia del Gran Maestro.

Era un hombre mayor, mucho más de lo que la luz de las velas dejaban ver. Tanto su cara como su cabeza estaban pulcramente afeitados, y su ropa estaba compuesta por un par de prendas grises, a cual más simple. Estaba sentado en el suelo con las piernas flexionadas y los ojos cerrados. No interrumpió su meditación inmediatamente después de que Ernesto y Jaime llegasen, sino que dejó pasar un par de minutos. Los chicos respiraron al ver que aquel señor por fin les hacía caso, aunque pronto volvieron a preocuparse: se limitaba a mirarles sin decir nada.

Decidido, Jaime tomó la palabra.

–Venerable, Gran Maestro –dijo en su rudimentario cantonés–, somos Ernesto y Jaime. Hemos venido desde muy lejos para ofrecernos a usted como sus pupilos.

El hombre mayor no dijo nada.

–Sabemos que usted no acepta discípulos occidentales –continuó Jaime sin desanimarse–, pero le aseguro que somos grandes especialistas en artes marciales. Llevamos años recorriendo China, Japón y Corea para perfeccionar nuestra técnica.

El Gran Maestro seguía sin decir ni una palabra. Esto pinzaba los nervios de los muchachos.

–Estamos preparados, Gran Maestro –insistió Jaime–. Háganos una prueba para que se lo podamos demostrar.

El señor siguió callado, pero un instante antes de que Jaime volviera a hablar, arqueó una ceja y dijo:

–Yo no acepto aprendices de guerreros con la *mente llena*. Si lo que queréis es que simplemente os enseñe a dar puñetazos y patadas, os habéis equivocado de lugar.

–No, Gran Maestro –le corrigió Jaime–. No somos dos jóvenes que sólo nos limitamos a pelear. También nos hemos formado en la filosofía de los lugares que hemos visitado. Conocemos a fondo las enseñanzas de Confucio, del Buddha y de Lao Tzu.

El Gran Maestro negó con la cabeza.

–El conocimiento es estéril en una *cabeza llena* –dictaminó–. Lo que yo requiero de mis discípulos es que tengan consciencia.

–Y la tenemos, señor –participó Ernesto, hasta entonces callado–. Somos dos personas perfectamente conscientes.

–¿Lo sois?

–Sí –contestó Ernesto sin pensar.

–Muy bien, decidme entonces a qué lado de la entrada habéis dejado las botas y a qué lado las mochilas.

Los jóvenes tartamudearon una respuesta inconexa e incomprensible.

–No entiendo, Gran Maestro, ¿qué tiene eso que ver?

–Presumís de ser conscientes cuando ni siquiera sabéis dónde habéis dejado las botas y las mochilas al entrar.

Dicho lo cual, no volvió a pronunciar palabra.

———————

¿Eres consciente de todo lo que piensas, dices o haces?

Te conviertes en lo que piensas.
Si te crees débil, serás débil. Si te crees fuerte, serás fuerte.
Si te crees impuro, serás impuro. Si te crees puro, serás puro.
No debes creerte débil, sino fuerte, omnipotente, omnisciente.
Aunque yo no lo haya experimentado todavía, está en mí.
Todo el conocimiento está en mí,
toda la fuerza, toda la pureza, toda la libertad.
¿Por qué no puedo expresar ese conocimiento?
Porque no creo en él. Si creo en él vendrá a mí.
SWAMI VIVEKANANDA

LA IMPORTANCIA DE LA ACTITUD

Las cuatro paredes de aquel despacho habían soportado el rebote de todo tipo de sensaciones. Miedo, esperanza, júbilo, tristeza, agonía, soledad, vacío, ilusión... Habían sido tantas y tan intensas que se podría decir que habían quedado impresas en los objetos de la habitación, o que todavía flotaban en el ambiente, o que se habían quedado pegadas a las cortinas como el humo de tabaco. Todos los pacientes decían lo mismo, que cuando entraban allí podían sentirlo, no sabían exactamente qué, pero era algo que les impresionaba y les quitaba el aire.

El doctor Carmona, nada dado a atribuir a las cosas propiedades mágicas o que se salieran lo más mínimo del estudio de la medicina tradicional y sin interesarle en absoluto, lo que la neurociencia ha descubrieto respecto al papel fundamental del cerebro en nuestras creencias, achacaba estas sensaciones de sus pacientes al momento vital; al salto al vacío que supone entrar en la consulta de un hombre que te puede anunciar los meses que te quedan de vida.

–Es esa angustia, y no otra cosa, lo que hace que los pacientes experimenten esas malas sensaciones al cruzar la puerta –afirmaba categórico–. Lo demás son paparruchas.

Elvira, la hermana psicóloga del doctor, empatizaba más con sus pacientes, cuyos sentimientos les resultaban tan fuertes que a menudo acudía a la consulta a prestarles ayuda desinteresadamente. Ella *sí* pensaba que las emociones podían permanecer en un lugar, e incluso transmitirse de paciente en paciente. Creía que el ánimo con el que las personas afrontaban su enfermedad era algo que se contagiaba de alguna manera. Todavía iba mucho más allá cuando afirmaba que aquellos que quedaban contagiados de un ánimo positivo y se veían reafirmados por un ambiente propicio, tenían más posibilidades de supervivencia que en el caso contrario.

–Eso –decía su hermano el doctor–, además de ser una memez, no se ha podido demostrar. Pero vamos, que no se podrá demostrar porque es eso y nada más que eso: una soberana tontería.

Era entonces cuando Elvira le recordaba a su hermano los casos de Patricia y Cristóbal. Fue una época en la que Elvira tenía poco trabajo en su consulta, por lo que pasaba más tiempo en la sección de oncología con su hermano y sus pacientes. Patricia y Cristóbal eran dos adultos de una edad aproximada, que en la misma semana fueron diagnosticados de un tumor similar, con tratamiento similar, y una esperanza de vida similar: seis meses. Ahí terminaban las coincidencias, ya que ni siquiera se conocían entre ellos.

La particularidad de ambos casos venía en la forma en la que uno y otro afrontaron la noticia. Patricia cayó en una profunda depresión llena de altibajos de la que nunca llegó a salir. Alternaba los "quiero vivir" con "¿porqué de todo esto?", los "todavía no me ha llegado la hora", con los "¡qué más da!". Cuando alguien le preguntaba por su estado, contestaba cosas como "¿pero de verdad te importa?". Si se le ofrecía apoyo, solía salir con frases tales como "tú no puedes comprender mi sufrimiento", o "como no tienes que soportar esta carga, te es muy fácil opinar". El daño del agresivo tratamiento la fue consumiendo, pero también lo hizo la amargura y la desesperación en la que se había enterrado poco a poco. De los casi ocho meses que restaron hasta que la enfermedad por fin la venciera, esa mujer vivió machacada por la depresión y la angustia.

Por el otro lado, Cristóbal, que si bien en un principio estuvo muy triste, pronto decidió tomarse su enfermedad como una oportunidad que la vida le ofrecía para cambiar totalmente ya que, según él decía, hasta entonces no la había disfrutado en absoluto. Así, cambió radicalmente su forma de comer, de pensar, de relacionarse, de tomarse las cosas, y decidió firmemente vivir en adelante con total alegría. "Si mis días están contados, trataré de disfrutarlos al máximo", decía, y también "voy a agradecer cada momento que me quede porque son un regalo para mí". Cuando alguien le recordaba su enfermedad, él respondía que si el doctor le había puesto fecha para su muerte, él no se iba a molestar en morirse un poquito cada día; más al contrario, iba a darlo todo para vivir más que nunca y disfrutar intensamente cada momento con sus seres queridos. Así, pese a continuar con el tratamiento, Cristóbal nunca perdió la sonrisa ni la esperanza.

Cristóbal no solo vivió más de los seis meses que el doctor Carmona le anunció, sino que en una revisión más de un año después, le anunciaron que el cáncer había desaparecido milagrosamente. Estaba totalmente curado. El doctor lo achacó a la efectividad y acierto del tratamiento, pero Elvira opinaba lo contrario: que fue su cambio radical de vida, su energía y sus ganas de vivir lo que finalmente le salvaron y lo que en realidad importa.

Lo importante no es lo que te ocurre o lo que haces, sino la forma como eliges vivir todo lo que llega a tu vida. La clave es tu actitud, y la buena noticia es que ésta sólo depende de ti.

—————————————————

Ante los grandes retos, ¿cuál es tu actitud?

> *Pobre es quien no está satisfecho*
> *y rico quien se contenta con lo que tiene.*
> *Para nuestra avaricia lo mucho es poco,*
> *y para nuestra necesidad, lo poco es mucho.*
> SÉNECA

CONTROLAR O COMPARTIR

Los árboles del parque eran altos como torres, y pese a que se encontraban separados entre ellos por muchos metros, las ramas eran tan frondosas que no dejaban llegar la luz del sol al suelo. El aire era limpio allí, fresco y perfumado por las plantas que se agolpaban a ambos lados del camino. Podría parecer increíble, pero estaban justo en la mitad de la ciudad más poblada del país. Millones de almas les rodeaban y ellos dos, Enrique, el abuelo, y su nieta Paula, de doce años, sin enterarse.

El camino fue subiendo una cuesta hasta llevarles a otro, que tomaron a la izquierda, de nuevo hacia abajo. Pronto salieron de debajo del techo verde de aquel bosque urbano para ver el lago. Sus aguas reflectaban los rayos del sol con potencia, obligándoles a protegerse los ojos. La arboleda seguía por todas partes, incluso en las pequeñas islas que había en mitad de las aguas, con la salvedad de la orilla izquierda, donde arrancaba una pradera de hierba verde que miraba al lago como una grada mira a un escenario.

Los dos no se dirigían hacia allá, sino al lado contrario. Siguieron un sendero de piedras de forma irregular, que fue bajando hasta llevarles a los juncos que habitaban en la rivera del lago. Lo fueron bordeando hasta encontrarse con un camino más ancho y mejor asfaltado que les volvía a adentrar en el bosque. La espesura era tal, que nadie podría imaginar que allí mismo se ubicaba un inmenso edificio circular. Las gruesas columnas competían con los troncos más recios del parque y sostenían una serie de frontones redondeados que culminaban en una bóveda colosal. Y en lo más alto, justo en el punto donde aquel templo tocaba al cielo, se levantaba una torre que dominaba los contornos.

—¡Hala! —exclamó Paula boquiabierta.

—¿Entramos? —preguntó el abuelo.

—¡Sí!

Subieron una escalinata desmesurada, no por la considerable altura que alcanzaba, sino porque seguía y seguía ininterrumpida hasta dar toda la vuelta al templo. Una vez arriba, atravesaron el gigantesco espacio dejado entre dos columnas y enseguida dieron con una galería circular que dividía lo de dentro y lo de fuera con un muro. Encontraron un acceso cercano y lo franquearon, entrando en el que probablemente sería el espacio cerrado más diáfano jamás construido. Pudieron comprobar cómo se levantaba la impresionante bóveda desde dentro, creando espacios en tinieblas sólo interrumpidos por los poderosos caños de luz que entraban por las cristaleras de los frontones.

Allí abajo encontraron imágenes expuestas con textos que hablaban en todas las lenguas existentes de Paz, de Bondad, de Justicia, de Igualdad. No se resaltaban personas, ni fechas, ni lugares concretos, sólo ideas. Tampoco había banderas, ni símbolos, ni cualquier otra cosa que sirviera para diferenciar a las personas entre sí. Y sobre todos ellos, una inmensa energía de Paz que rellenaba cada hueco por diminuto que fuera. La niña estaba emocionada, al igual que el abuelo. Siempre que visitaba El Templo se le ponían los vellos de punta sin remedio.

—Vamos a subir —dijo a su nieta.

Esta asintió y se dejó llevar de la mano como siempre hacía. El ascensor les dejó en la corona de los frontones, lo que también era conocido como el tambor, el lugar sobre el que reposaba directamente la cúpula. Una vez allí tuvieron que continuar la ascensión a pie, para mayor pesar del abuelo. Pero no le importaba el esfuerzo con tal de mostrarle a su nieta las vistas que les esperaban en la cima.

—¡Uuuaaaaaaaaaaaauuuuuuuuu! —exclamó Paula asomada al pretil.

Desde allí veían las copas de los árboles desde arriba, en un mar verde rodeado en la lejanía por rascacielos de una parte, casas por otro y el océano por otro. La nieta estaba extática, invadida por un gozo indescriptible. Paseando por el mirador, y sin haberse cansado todavía de las vistas, preguntó a su abuelo:

—¿Cómo se construyó todo esto?

—Con la colaboración de toda la comunidad, querida mía —contestó el hombre.

Pero Paula se le quedó mirando con cara de querer saber más. Ante su insistente mirada, el abuelo terminó por continuar.

—Es una muy larga historia que empieza hace mucho tiempo, en una época donde el dinero era lo más importante. Ya sabes, el dinero: esos papeles, sin ningún valor y con números pintados de los que ya te he hablado en otras ocasiones. Pues sí, el dinero era tan importante que había gente que hacía cualquier cosa por conseguirlo, como negarle la asistencia hospitalaria a otros, echarles de sus casas, o hacerles pagar por tener acceso a la educación o a la energía, por ejemplo. De hecho, el tema de la energía siempre era un problema por aquel entonces. Había una crisis energética permanente, y esto hacía que los pocos dueños de los recursos energéticos acaparasen la mayor parte del dinero del mundo.

–Pero la profe nos dijo que la energía es limpia, libre e inagotable –interrumpió Paula.

–Y así es, pero en aquella época, la energía que ahora disponemos todavía no se conocía, o mejor dicho, aún no estábamos preparados para conocerla. El control de la antigua energía pertenecía a un minúsculo grupo de personas. Esas personas, desde hacía mucho tiempo, también controlaban a los políticos, los altos tribunales de justicia, las finanzas, las grandes corporaciones, los medios de comunicación de masas, incluyendo las grandes cadenas de TV, el sistema educativo, el sanitario, las principales ONGs, los laboratorios más importantes y un largo etcétera. En resumidas cuentas, prácticamente todas las grandes organizaciones. Era tanto su deseo de poder que, por ejemplo, cada vez que alguien descubría cómo aprovechar el inagotable caudal de energía que de forma totalmente gratuita nos ofrece nuestro planeta, ellos lo silenciaban sin reparar en lo que costara. Ocurrió que hubo una gran crisis generalizada que duró muchos años y afectó por igual a todas las personas, en todos los países, fueran de la clase económica que fueran. Pero, aunque en los primeros años parecía lo contrario, aquella crisis sirvió para que, con el paso del tiempo, cada vez mas personas fueran tomando consciencia del poder que tenían. Dejaron de pelear y empezaron a colaborar, a compartir con los demás, no sólo las nuevas formas de energía, sino todo lo que se iba descubriendo. Unieron sus dones y talentos en pos de lograr algo mucho mejor para el colectivo.

–¿Y qué pasó luego, abuelito?

—Pues que ese grupo que lo dominaba todo peleó por todos los medios a su alcance para evitarlo. Tenían organizado un *gigantesco plan de entretenimiento masivo* para que la mayoría de la población *siguiera dormida*, pero descubrieron que la verdad era ya un clamor popular, que todos estábamos subidos al mismo barco y que se acercaba un gran cambio: debíamos cuidarnos y mirar al futuro como colectivo solidario. Cuando ya era imposible silenciar ni contener a aquel caudal de gente que estaba despertando y colaborando entre ellos, la minoría dejó de luchar y terminó aceptando la nueva situación. Así, compartiendo entre todos, se construyó este *templo-museo* dedicado a la *unidad* y logramos el mundo que ahora disfrutamos. Un mundo donde:

Todos los niños del mundo tenéis una buena alimentación, casa, educación y siempre una sonrisa para compartir con quien la necesite.

Todos los animales, las plantas y la naturaleza, son respetados.

Las guerras ya sólo existen en los libros de Historia, como lecciones aprendidas para nunca tener que repetirlas.

Los desastres naturales han desaparecido, nuestra Amada Madre Tierra vive también en armonía.

El dinero ha dejado de existir. Cada uno aporta a su comunidad lo mejor que sabe hacer y recibe lo que precisa para atender sus necesidades.

La energía es totalmente libre, gratuita, limpia e inagotable. Proviene de nuestra Amada Madre Tierra que la pone a nuestra disposición de forma generosa, por lo que le estamos agradecidos.

No existen las religiones ni los ideales políticos. El Amor es la única Ley.

Las personas más experimentadas son las que nos dan consejos y son las que conducen de forma armoniosa cada comunidad. Se reúnen entre ellos para hacer que todo esté bien organizado y que cada familia disponga de todo lo necesario.

No existen barreras ni murallas y las fronteras, hace mucho tiempo que desaparecieron.

En el Planeta hay un solo pueblo formado por hermanos.

–Que guay abuelín, gracias por contármelo, te quiero mucho.

———————————

¿Sigues luchando, controlando, compitiendo o prefieres colaborar?

> *Sé que todo lo que doy regresa a mí,*
> *por lo que no me pre-ocupo de lo que voy a recibir,*
> *sólo me ocupo de ser consciente*
> *de lo que estoy dando a cada momento.*
> ENRIQUE ÁLVAREZ

HOTEL EL BOSQUE

El café del desayuno aún no había terminado de bajar por el estómago dentro de Eusebio, cuando la primera gota de sudor de su frente hizo aparición. Sería un detalle sin importancia para cualquiera, pero no para él, viejo zorro que sabe que ésa, y no otra, era la señal que le daba su organismo para indicarle que acababa de iniciarse el verano. En efecto, el reloj apenas superaba las diez de la mañana y ya estaban por encima de los treinta grados. Esto significaba muchas cosas: los niños dejaban de ir a la escuela, las piscinas y las playas se llenaban, cualquier descampado se convertía por las noches, en cine al aire libre y los días se hacían tan largos que parecían no tener fin.

Pero para Eusebio, sobre todo, significaba una cosa: con el verano comenzaba también la temporada de incendios forestales. Él, como capitán del equipo de bomberos del distrito, debía encargarse de mantener a sus chicos preparados ante cualquier eventualidad. Precisamente, se encargaba del repaso diario de las dotaciones de la zona cuando la alarma sonó.

Traicionado por el viento cálido que empujaba el fuego desde el interior del continente, el bosque comenzó a arder. Eusebio y los suyos estuvieron día y medio trabajando duramente hasta que por fin pudieron tener controlado el primer incendio del verano. Fue una dura batalla, pero habían logrado su objetivo. Las pérdidas habían sido relativamente pocas y no había que contar ninguna baja humana.

Sin embargo, como no llueve a gusto de todos, un hombre que tenía su humilde casa en el bosque vio cómo ésta fue devorada por las llamas. Él y su familia habían salido ilesos, pero tanto la casa, como el taller que en ella tenía, se habían perdido para siempre.

–¿Qué voy a hacer ahora? –se preguntaba el hombre desolado.

–No se preocupe, el seguro se encargará de todo –le consoló Eusebio.

–Usted no lo entiende. En el taller guardaba instrumentos y maquinaria que heredé de mi padre, y éste del suyo. Eran herramientas muy antiguas que no se fabrican hoy en día y que el seguro no será capaz de reintegrar. Y si no me dedico a trabajar en ese taller no sé qué otra cosa podré hacer. Apenas me daba para mantener a mi familia pero es a lo que he dedicado toda mi vida.

Eusebio comprendió el dolor de la pérdida de aquel hombre. Él también se encontraba apesadumbrado, mucho más de lo que cualquiera diría a simple vista. Como responsable de las dotaciones de bomberos y las estrategias, decidió dejar avanzar el fuego por la parte de la montaña donde, por desgracia, se encontraba la casa de aquel hombre. Su decisión se demostró acertada y ayudó a salvar cientos de hectáreas de bosque. Sin embargo, Eusebio no conseguía quitarse de encima el peso de las consecuencias negativas de aquella decisión.

Pasaron los años, llegaron más veranos, hubo más incendios y la vida siguió su curso con normalidad. Cercano al día de su jubilación, el infatigable Eusebio estaba haciendo una visita rutinaria por el monte, vigilando el estado de los cortafuegos. Entonces reparó en un caserío que se levantaba al borde del camino. Es cierto que hacía mucho que no pasaba por allí, pero no recordaba que existiera aquella construcción. Lleno de curiosidad, mandó al conductor del camión que se acercase.

–Hotel El Bosque –leyó Eusebio en voz alta lo que ponía el cartel, sobre el arco de la entrada.

Siguió ojeando el lugar ensimismado, tanto que no se dio cuenta de que estaban obstaculizando el camino a un potente 4x4 que procedía de la cercana carretera. Eusebio ordenó al conductor que liberase la vía.

–Buenos días, don Eusebio –dijo el hombre que llevaba aquel coche.

"¿Nos conocemos?", estuvo a punto de preguntar el jefe de bomberos, pero no lo llegó a pronunciar. Reconoció en aquel hombre a aquél que perdió su casa en el incendio tiempo atrás. Eusebio se bajó del camión y muy contento saludó y abrazó al hombre.

–¿Qué es de tu vida? –le preguntó con cierto recelo.

No olvidaba que lo había perdido todo en aquella ocasión.

–Me va muy bien –contestó sonriente–. Ahora regento este maravilloso hotel.

Eusebio se alegró en gran medida al principio, pero al poco se quedó un poco descolocado.

–Es increíble –exclamó–. No me malinterpretes, me alegro mucho por ti, pero no consigo comprender cómo has prosperado tanto después de aquel revés del destino.

El hombre sonrió antes de contestar.

–Bueno, al principio fue muy complicado. Yo no sabía qué hacer sin mi taller. Tenía la casa nueva que compré con lo que me dio el seguro, pero a partir de ahí no tenía ningún otro plan. Entonces mi mujer me sugirió que alquilásemos el espacio que nos sobraba en la nueva casa a los viajantes que pasaban junto al camino. Al principio fue un poco engorroso, pero poco a poco fuimos poniendo anuncios y contactando con viajeros, comerciantes y arrieros que pasaban por aquí con regularidad. Luego descubrimos las posibilidades de los turistas que buscaban escapar de la ciudad y cambiarla unos días por un lugar tranquilo en mitad de la naturaleza. Así, lo que empezó siendo un pequeño experimento, se convirtió en un negocio. Fuimos ahorrando para ampliar la casa, construir bungalós en nuestro terreno. Al poco tiempo, al quedarse esto también pequeño, decidimos comprar este hotel que está usted viendo ahora. Lo tenemos lleno semana sí, semana también. Ahora no sólo tenemos mucho más que cuando trabajaba en el taller, sino que la vida de toda mi familia ha mejorado sensiblemente, mis hijos están estudiando en el extranjero, en fin, nos va muy bien, somos muy felices con nuestra nueva vida. *Todo gracias a aquel incendio.*

Eusebio, entusiasmado con la idea del milagroso renacimiento de ese hombre, comprendió la fortuna que se hallaba escondida detrás de lo que en principio se vio como una desgracia. *"Todo gracias a aquel incendio"*, se repitió para sí.

¿Eres capaz de dar las gracias a las "tragedias" que te ocurren
y seguir adelante o comenzar desde cero si es preciso?

Hemos aprendido a volar como los pájaros,
a nadar como los peces,
pero no hemos aprendido el sencillo arte
de vivir juntos como hermanos.
MARTIN LUTHER KING

EL CIELO Y EL INFIERNO

La última charla de la serie de conferencias del congreso fue un éxito. Los asistentes mantuvieron sus aplausos durante más de un minuto, y el conferenciante tuvo que luchar contra su timidez mientras recibía el reconocimiento. Luego se apagaron las luces y el salón fue desalojándose. "Hasta el año que viene", dijeron para despedirse.

Claudia ya había abandonado el recinto y se dirigía de camino a su hotel, pero en su cabeza seguían resonando los ecos de la última conferencia. "Los conceptos de Cielo e Infierno a lo largo de la Historia y su influencia en el Arte y la Sociedad", se llamaba esa charla en concreto. Tal y como su título indicaba, había sido un repaso a las creencias y religiones más importantes a lo largo de la Historia. Habían hablado de China, India, Sumeria, Egipto, Israel, Grecia y Roma, comparándolo después con el Cristianismo y el Islam. Claudia estaba entusiasmada con el tema, del cuál no tenía conocimientos previos. Los pensamientos en su cabeza bullían salvajes y ella no sabía qué le había impactado más.

Pero había una pregunta con la que el ponente había finalizado que terminó por descolocarla: ¿Qué es para vosotros el

Cielo, y qué el Infierno?. Animó a los allí presentes a hablar de sus propios puntos de vista. Él mismo, al ser preguntado, contestó:

–Personalmente, creo que dos conceptos tan diametralmente opuestos, en realidad, son mucho más cercanos. Tanto que en realidad se superponen el uno al otro, como dijo el sabio de la leyenda china que lo comparaba con un monte de arroz. Para que lo vean, les puedo poner el ejemplo de una tela de araña. Un mismo concepto que para la araña representa la paz, la seguridad, el orden y la fuente de alimentos, pero que para una mosca que ha caído en ella es el caos, la perdición, la muerte.

El público quedó convencido por la respuesta, pero quizás no estaba preparado para lo que vino justo después. El célebre e ilustre don Lorenzo Gil, catedrático en teología, doctor Honoris Causa, Premio Nacional de Historia, referente mundial en filosofía clásica, estaba presente en el salón. Pidió el turno y de inmediato le acercaron un micrófono. Todos quedaron en vilo ante su inesperada intervención.

–El ejemplo de la tela de araña me ha parecido muy bueno –dijo –, pero no lo veo del todo completo a la hora de compararlo con la fábula china del monte de arroz que comentabas. Y digo esto porque la diferencia es aún menor, mucho más sutil. Si me lo permiten, y diría que sí a juzgar por las caras con las que me miran, voy a ponerles un ejemplo de mi propia cosecha.

"Imagínense un saco de azúcar de caña que, por algún motivo, se ha rajado y ha vertido gran parte de su contenido sobre el suelo. Para nosotros no sería más que una molestia insignificante, pero para un grupo de diminutos caracoles, sería una verdadera montaña. Los caracoles se dirigirían hacia la montaña de dulce azúcar, dispuestos a comer hasta hartarse. Sin embargo, debido a su peso provocarían una avalancha de azúcar de la que no podrían escapar. Tratarían de salir, pero la superficie inestable de los granos de azúcar se desmoronaría continuamente bajo su peso y, luchando cada uno por su cuenta, todos los caracoles terminarían por sucumbir. Eso sería el Infierno.

Imagínense ahora la misma montaña de azúcar siendo explorada por un grupo de hormigas. Las hormigas no pesan tanto como los caracoles, pero al ser más numerosas, también terminarían provocando un alud exactamente igual. Sin embargo, en lugar de luchar contra lo que les había ocurrido cada una por su cuenta, comenzarían a colaborar en equipo, quitándole a sus compañeras los granos de delante, formando caminos y túneles para poder transitar por el lugar y explotar así todo el azúcar. Así, terminarían saciando su hambre en lugar seguro, juntas, solidarias y felices. Eso sería el Cielo."

¿Sabes que "estar viviendo" en el Cielo o en el Infierno
sólo depende de ti?

*Dana (generosidad) consiste no tanto en el acto de dar
como en el sentimiento de querer dar,
de querer compartir lo que tienes con los demás.
Este sentimiento de querer dar o compartir es frecuentemente
la primera manifestación de una vida espiritual.*
SANGHARAKSHITA

UN HOMBRE SENCILLO

Julián era un hombre, por decirlo de alguna manera, poco evolucionado socialmente. Sus costumbres eran, más que sencillas, básicas. Estaban reducidas al mínimo en todos los aspectos. Vivía en mitad del bosque, él solo, rodeado de naturaleza. Bebía del agua de los arroyos, comía lo que producía su huerto y cazaba ocasionalmente. Iba donde quería. También vendía productos que manufacturaba con elementos sacados del bosque: carteras, bolsos, pequeños muebles, objetos decorativos. Con lo poco que ganaba tenía bastante para sus escasas necesidades.

Sus relaciones con otras personas eran casuales y esporádicas, ya que, según él mismo decía, no las necesitaba. Como era de imaginar, los temas mundanos y tecnológicos que tan de cabeza traían al resto de la humanidad, a él le daban lo mismo. Cuando se daba una de esas raras ocasiones en las que Julián conversaba con alguien más de diez minutos, terminaba aburrido, irritado, y entendiendo cada vez menos ese mundo extraño y lejano que se extendía alrededor de su bosque.

Pero él estaba tranquilo, sabiendo que mientras él siguiera viviendo su vida alejado de ese mundo de locos, todo seguiría estando en orden. Por ese motivo, la noticia que le trajo el guardabosques aquella mañana cayó sobre él como un bombardeo.

–¿Que declaran el bosque Parque Nacional Protegido? –preguntó sorprendido–. ¿Mi bosque?

–Lo han aprobado hace unos días –contestó el guardabosques.

–¿Y tengo que irme de mi casa?

–La ley protege todo el ecosistema y las construcciones han quedado prohibidas en el entorno del parque. Tampoco se podrán cazar animales ni arrancar plantas. Incluso para hacer senderismo será necesario un permiso.

–¿Senderismo? –preguntó Julián extrañado–. ¿Y qué voy a comer? ¿Dónde voy a vivir?

–El gobierno se ha comprometido a darle una casa en el pueblo –le informó el guardabosques–. Allí tendrá un terreno para su huerto. Además le van a indemnizar por las molestias. Y no va a ser una suma cualquiera.

Los ojos de Julián estaban desbordados de lágrimas, algo que llevaba muchos años sin ocurrir.

–Pero alégrese, hombre –intentó animarle el guardabosques–, si le ha tocado la lotería. Va a vivir como un marqués.

–El dinero no lo es todo, y se termina –balbuceó el hombre–. Y me han quitado mi única forma de subsistencia.

–No sea cenizo, ya encontrará otra cosa.

Pero Julián parecía inconsolable.

Los hechos se fueron precipitando con el paso de las siguientes semanas, inexorables. Así, pese a sus protestas, en mes y medio el cambio ya había sido efectivo. En ese tiempo, Julián había caído en una profunda depresión de la que no veía una salida cercana. Vagaba por las calles del pueblo, solo, incomprendido, sin querer mezclarse con los demás. Rehusaba entrar en el que había sido *su* bosque por la terrible morriña que sentía. Y aunque tenía bastante dinero, la tristeza y la soledad que sentía hacían que la vida para él fuera sinónimo de una carga difícil de soportar.

–¡Qué mala suerte tengo! –se lamentaba–. Todo me va mal desde que hicieron ese estúpido parque de mi bosque. ¡Qué desgraciado soy!

Una mañana, su caminar errante le llevó a las mismas puertas del Centro de Conservación y Oficina de Información Turística del Parque. No se había dado cuenta, ya que él evitaba cualquier contacto con las cosas relacionadas con su antiguo hogar. Cuando descubrió dónde estaba, se dio media vuelta y salió a paso vivo con intención de desaparecer, pero una voz lo llamó a sus espaldas:

–¡Oiga, espere!

Julián se detuvo.

–¿Qué quiere? –preguntó en un tono áspero.

–Es usted Julián, ¿verdad? El hombre que vivía en una cabaña en mitad del parque.

–¿Quién lo pregunta?

–Soy el director del Centro de Conservación –contestó el hombre dejando de lado la hostilidad que recibía por parte de Julián–. Tenemos un problema en el parque.

–No es asunto mío.

–Se trata de una niña pequeña. Se ha perdido y no logramos dar con ella.

Este argumento removió los sentimientos de Julián, que aunque no tragaba a aquellos hombres, accedió a ayudarles. Se montó en un 4x4 y, tras escuchar las indicaciones de los guardas del parque, les guió hacia un lugar que ellos no habían inspeccionado. De hecho, ni siquiera sabían que existía. La niña apareció por allí, asustada pero sana y salva.

–Muchísimas gracias, Julián, en nombre de todos los miembros del Centro de Conservación –le dijo el director–. Nos encantaría obsequiarle con algo por los servicios prestados, pero tenemos muchos problemas con una plaga de procesionarias en el extremo Este, y nuestros fondos se están dedicando a intentar acabar con la misma.

–¿Procesionarias, eh? –preguntó Julián–. En mi antigua casa también aparecían. Eran una plaga. Yo las ahuyentaba usando un ungüento hecho de musgo y otras plantas.

–¿Cómo? ¿Podría hacerme una demostración?

Julián así lo hizo, mostrando en pocos minutos al director que su solución funcionaba.

–Es increíble, Julián. Dígame, ¿qué más cosas sabe?

–¿Del bosque? Todo.

–Entiendo. ¿Tiene usted trabajo?

–No desde que ustedes me echaron de mi casa –contestó él lleno de tristeza.

–Podemos ofrecerle un puesto fijo aquí en el Centro. Cobraría varias veces más de lo que ganaba antes y podrá entrar y salir del bosque todo lo que quiera.

–¿Me lo está diciendo en serio? –preguntó emocionado.

–Totalmente. Incluso podemos ofrecerle una de las cabañas rústicas del parque para que haga de ella su hogar. Estaría incluido en su nuevo contrato, si así lo quisiera.

Julián dio un salto de alegría, contestó con un sí rotundo y, tras firmar el contrato, acudió corriendo a su casa para realizar la mudanza lo antes posible.

–¡Qué suerte tengo!–iba diciendo–. Gracias a que fundaron el Parque, mi vida va a ser mejor que nunca: me van a permitir cuidarlo y encima pagándome por ello.

———————

¿Qué es lo que prefieres, dar o recibir?
¿Sabes que son lo mismo?

Nuestros jóvenes de ahora aman el lujo,
tienen pésimos modales y desdeñan la autoridad,
muestran poco respeto por sus superiores,
pierden el tiempo yendo de un lado para otro,
y están siempre dispuestos a contradecir a sus padres
y tiranizar a sus maestros.
SÓCRATES

LA RABIA

–Adelante.

–Soy yo otra vez –dijo la secretaria entreabriendo la puerta–. Espero no molestarte demasiado ¿Estás ocupada?

–Un poco hasta arriba, como de costumbre. Pero dime.

–Se trata de Santiago.

–¿Otra vez? –preguntó la directora sin ocultar su sorpresa–. ¿Y ahora qué ha sido?

–Creo que será mejor que vengas a verlo con tus propios ojos.

Mónica se levantó de su asiento temiéndose una nueva fechoría de Santiago, uno de los muchachos recién llegados al Centro de Menores que ella regentaba. Cuando la directora llegó al patio, se encontró con que una pared beige había sido pintarrajeada con unos mensajes de muy mal gusto. Hablaban de otros compañeros, y eran tan amenazantes y ridículos, que no nos vamos a molestar en reproducirlo aquí. Junto al muro de la vergüenza, estaba Santiago custodiado por un educador. El joven mostraba un gesto arrogante y autosuficiente en su rostro.

–¡Menuda macarrada, Santi! –expresó Mónica resuelta pero sin variar la seriedad de su rostro–. Te veo convencido de convertirte en el chico más molesto de todo el Centro. No te rías, que no hay motivo para ello, créeme.

–¿Qué quieres que hagamos con él, Mónica? –preguntó el educador muy enfadado.

–Déjalo aquí conmigo –contestó Mónica–, que vamos a aprovechar lo buena que se ha quedado la tarde para charlar un rato.

–¿Estás segura?

–Completamente. Por cierto, ve al taller de manualidades y tráeme el cincel y el martillo. Están dentro del armario de las herramientas, así que pídele primero las llaves al bedel.

Cuando por fin se quedaron solos, Santiago y Mónica se dedicaron unos segundos a mirarse entre sí. El muchacho seguía manteniendo su pose de perdonavidas, pero le costaba mantener la entereza delante de la directora, cuya aura de autoridad traspasaba su delgado cuerpo. Esto, a solas, incluso se acentuaba más.

–Por lo que veo tienes la inquietud de escribir –le comentó ella–. Es una profesión noble, pero creo que no se gana mucho dinero con ella. Menos aún si no cuidas esas faltas de ortografía.

–Me da igual lo que me digas, vieja –replicó el adolescente agrio.

–¡Muchas gracias por el cumplido, hombre! Al menos ahora hablas un poco más.

Santiago bajó la cabeza.

–Mira Santi, sé por lo que has pasado hasta llegar aquí.

–¡Tú no sabes nada!

–Bueno, algo sí que sé, aunque hayas rechazado contármelo tú mismo. He leído tu informe y he charlado con tus anteriores tutores. Es muy serio lo que has tenido que vivir, lo sé. Pero tú tienes que comprender que todo eso es ya pasado. Eres muy joven y tienes todo el tiempo del mundo para dejar atrás los problemas y encontrar la felicidad.

Santiago fue a contestar, pero le temblaban los labios y no le salía nada. Volvió a agachar la cabeza para ocultarse.

–Traes mucha rabia contigo, Santiago –siguió diciéndole Mónica modulando la voz hasta casi hacerla un susurro–. Es comprensible, dado el sufrimiento por el que has tenido que pasar hasta ahora. Toda esa rabia se te queda guardada en el pecho, en algún lugar dentro de ti, y si no aprendes a controlarte, saldrá cada poco al exterior con violencia, como la erupción de un volcán. Eso es lo que te ocurre con los compañeros, los educadores y conmigo mismo.

–Todos me odian –sentenció el joven.

–Eso no es verdad, Santiago. Yo veo el Bien en ti y estoy convencida de que puedo ayudarte a que tú también lo veas. Ése es el camino para que los demás también lo hagan. Sólo tienes que dejar que te ayude. ¿Me dejas intentarlo?

El adolescente hizo un gesto indefinido, entre enfadado y avergonzado. No dijo nada, lo que la directora interpretó como un *adelante*.

–Te voy a explicar una cosa –empezó Mónica–. ¿Ves aquel palo? Tómalo y escribe algo en la tierra: lo que sea.

Santiago le hizo caso y, tras dudarlo un momento, decidió escribir su propio nombre.

–Muy bien, ahora bórralo.

El chico se encogió de hombros, removió un poco con el pie en el suelo y la escritura desapareció al instante.

–Excelente. Ahora haz lo mismo para borrar lo que has escrito en la pared.

–No puedo –contestó–. Habrá que darle con agua.

–Sí, y con un cepillo y jabón. Luego le preguntaremos por ello al bedel. Por el momento me gustaría que escribieras algo sobre esa piedra de ahí, la grande que hay junto a la higuera del patio. Para ello tendrás que usar el cincel y el martillo.

Al chico le cambió la cara al verse con tan pesados instrumentos en las manos. Fue decidido hacia la piedra pero, tras un par de intentos fallidos, perdió la confianza en sí mismo.

–Es muy complicado –dijo contrariado.

–Es posible –respondió Mónica–. Imagínate cómo debe de ser para borrar lo que escribas así.

El muchacho se rascó la cabeza.

–Habría que romper la piedra entera –sopesó.

–Prácticamente, sí.

–¿Sabes qué significa todo esto? Pues que cuando alguien te hace una ofensa, tómatelo como si escribiera en la tierra, no le des importancia y déjalo pasar. No le des a nadie el poder de llegar a alterarte, te diga o haga lo que sea. Por otra parte, cuando tú insultas a alguien es como pintar en una pared: cuesta mucho borrar ese insulto, así que cuida tus palabras y trata con respeto a todos. Por último, cuando ayudas o haces el bien a alguien, es como si escribieras en piedra: es prácticamente imposible borrar esa acción.

El muchacho seguía incapaz de mantener el contacto visual, pero era evidente que estaba escuchando.

–Ahora bien –continuó Mónica–, cuando sientes esa rabia tan fuerte, pregúntate: ¿qué está pasando dentro de mí en este momento? Las respuestas que te lleguen te van a orientar en la dirección correcta. Normalmente esa emoción tan potente se la adjudicas a lo que te la ha provocado, sin darte cuenta que ya está en ti, que procede de muy dentro de ti. Para poder madurar como persona, has de ser consciente de ello. Así que en lugar de dejarte llevar por la rabia, solo obsérvala, reconócela, acéptala y déjala estar, sin responder. Es la única forma de trascenderla sin que te atrape. ¿Has entendido lo que quiero decirte?

–Creo que sí –dijo el chico tímidamente.

–Muy bien, eres un joven inteligente. Ahora, ve a por agua, cepillo y jabón y borra lo que escribiste en la pared.

¿Cómo actúas en tus momentos de rabia?

Mientras pienses que tienes la mínima diferencia con Dios,
estarás dominado por el miedo.
Pero cuando sepas que eres Él,
que no hay diferencia entre vosotros, ninguna diferencia,
cuando sepas que tú eres Él, todo Él,
desaparecerá el miedo.
Por eso, atrévete a ser libre,
atrévete a ir a donde te lleva tu pensamiento,
atrévete a realizarlo en tu vida.
SWAMI VIVEKANANDA

¿CUÁL ES TU NATURALEZA?

La barriada era una gran extensión de casas bajas unifamiliares, separadas entre ellas por una porción de césped y una pequeña valla de madera, exactamente igual que en las películas americanas. El trazado urbano era una sucesión de calles en forma de cuadrícula que tejía una inmensa red que parecía no tener fin. Ahí vivía la mayor parte de los ciudadanos de la capital. Con tanta casa con jardín y tantas familias por todas partes, el número de mascotas era también muy elevado. Como de costumbre, perros y gatos ganaban por goleada al resto, aunque también había peces, hamsters, pájaros enjaulados, conejos, erizos y hasta tarántulas y serpientes.

Pero el caso que ahora nos ocupa trata sobre un gato, un pequeño explorador de apenas tres meses de vida que, jugando como solía, trepó a uno de los cerezos del jardín de su casa. Miki, el gatito, era tan pequeño como juguetón, circunstancias que, una vez unidas, podía ocasionar toda suerte de situaciones complicadas. Esta vez, Miki había trepado tan alto que no se atrevía a realizar el camino de vuelta. Aterrado, comenzó a maullar.

—¡Mamá! —gritó Luisa—. ¡Miki se ha subido a un árbol y no puede bajar!

—Ahora voy, corazón —contestó la madre, que hasta ese momento estaba en la salita tomando té tranquilamente con su hermana.

La madre salió al jardín, donde no tuvo que preguntar cuál era el árbol: ya lo encontró siguiendo los maullidos desesperados de Miki.

—Ya voy, enano —dijo ella mientras se iba agarrando a las ramas.

—¿Pero te vas a subir ahí? —preguntó su hermana contrariada con la taza de té en la mano—. ¿Pero qué te crees, que eres una cría?

—Alguien tendrá que bajar al pobre gato, ¿no?

—Pero que no eres una chiquilla. Que tú eres muy torpe y si te caes te vas a hacer daño.

— Muchas gracias por ser tan positiva. ¿Has oído eso de quien cree que es imposible no debería molestar a los que lo están haciendo? —preguntó la mamá mientras iba ganando altura.

Al poco alcanzó la rama donde Miki, muerto de miedo, se aferraba con todas sus fuerzas. La madre se aseguró primero de estar bien sujeta y, luego adelantó una mano para agarrar al minino.

—¡Au! —exclamó.

—¿Qué ha pasado? —preguntó la hermana.

—¡Me ha arañado! ¡Ay!

—¿Qué?

—Lo ha vuelto a hacer. ¿Pero de dónde saca este pequeñajo esas uñas? ¡Ah! ¡Otra vez!

–¡Pero qué cabezota eres! –le espetó la hermana desde el césped–. ¿Quieres dejarlo de una vez?

–Miki está asustado –contestó la mamá–. Por lo tanto está en su naturaleza defenderse y arañar. Pero en mi naturaleza está ayudar –dijo metiendo la mano en la manga de la camisa para protegerse del animal.

Así no tuvo inconveniente en agarrarlo y llevarlo hacia abajo.

–¡Bien! –gritó la niña encantada al recibir a su gatito sano y salvo.

–Y ¿cuál es tu naturaleza? –finalizó la madre, lanzando una mirada amorosa a su querida hermana.

———————————

¿Cuál es tu naturaleza?

No hablen de otra cosa que no sea Amor
y descubrirán que su mundo es un lugar
muy agradable donde vivir en Paz.
Dicho Hopi

LA MONJA SANTA

El grupo formado por la señora marquesa, acompañada de cuatro de sus mejores amigas, todas ellas de alta cuna y poseedoras de un patrimonio de valor incalculable, llegó a la ciudad a mediodía. Llevaron sus cosas al céntrico hotel donde tomaron posesión de sus habitaciones, se refrescaron, tuvieron unos minutos de descanso, y luego partieron hacia un famoso restaurante en el que tenían reserva. Allí estuvieron unas tres horas, justo hasta después de haber terminado el café. Cargaron la cuenta completa a la tarjeta oro de la marquesa, siempre espléndida a la hora de mimar y agasajar a sus amistades, y luego se fueron directamente hacia su objetivo.

Las cinco mujeres, fervientes creyentes y practicantes de los ritos, habían realizado aquel viaje por un motivo primordial. Había en aquella ciudad una monja cuya fama había traspasado las fronteras mismas de la región. Vivía en la más absoluta pobreza, trabajaba únicamente y por entero para los demás, ayudaba a aquellos más necesitados, e incluso algunos decían que era capaz de obrar milagros. Se tenía la sensación de que se trataba de una mujer santa. Fuera esto cierto o propio del imaginario colectivo, la monja era una persona excepcional que había conseguido grandes avances para los menos favorecidos de su comunidad.

La marquesa no lo dudó ni un segundo y, una vez tuvo reunidas a sus mejores amigas, organizó el viaje para conocer a la mujer santa en persona. Como ella era una persona muy rica e influyente, no tardó en conseguir que le dieran cita para una entrevista exclusiva. Y por ese motivo, la marquesa y sus amigas llegaron a las puertas del convento a la hora acordada. No había nadie esperándoles, lo que causó muy mala impresión en el grupo de mujeres.

–¡Qué insolencia! –dijo la marquesa.

Tuvieron que llamar a la puerta, como si ellas fueran mujeres corrientes. Como nadie contestó con presteza, volvieron a repetir la operación, más enojadas todavía. Entonces, una monja abrió la puertezuela. Se trataba de una mujer minúscula, encorvada, con una delgadez tan acentuada que ni siquiera el hábito podía disimular.

–Buenas tardes, mis buenas señoras, ¿qué desean? –preguntó con una vocecilla que apenas salía de su boca.

–¿Cómo que qué deseamos? –contestó la marquesa visiblemente airada–. Soy la marquesa de Podulí-CanchBlanc. Me están esperando.

La monja se quedó callada mirándola por unos instantes. Al poco reaccionó.

–Es cierto. Pasen, sean bienvenidas a esta humilde casa de oración.

Las cinco mujeres franquearon la entrada, apareciendo en una estancia dominada por el frescor y la penumbra, al contrario del sol de justicia que imperaba en la calle.

–¿Dónde está la madre superiora? –preguntó la marquesa altiva.

–Está muy mayor y no ha podido venir a recibirlas, señora.

–¡Vaya! Bueno, da igual, lo que queremos es ver a la famosa monja, la mujer santa que habita en este convento.

–En seguida, señora. Por favor acompáñenme.

La pequeña monja fue guiando por el convento a aquella extraña comitiva de mujeres de tan alto estrato social y económico. Atravesaron salas, galerías, pasillos, patios e, incluso una capilla, hasta que al fin cruzaron una puerta de cierta importancia.

–Aquí es –dijo la monja.

–¡Pero estamos de nuevo en la calle! –expresó la marquesa sorprendida e indignada–. Nos has sacado por otra puerta sin enseñarnos a la mujer santa. ¡Exijo una explicación ahora mismo!

–Ya la han visto –respondió la monja mostrando una tímida sonrisa–. A todas las personas con las que se han cruzado hoy, este mes, este año, o en esta vida, aunque les parezcan insignificantes, o sucias, o pobres. Todas las personas a las que vean, véanlas como mujeres y hombres santos. Esta forma de *mirar* a todas las personas con las que se encuentren, colmará de una inmensa Paz sus vidas.

¿Cómo ves a las personas?
¿Hay personas a las que "no puedes ver"?

> *Si soy paciente en un momento de ira,*
> *escaparé a cien días de tristeza.*
> **PROVERBIO CHINO**

SÓLO DE TI DEPENDE

El gran Maxi era el nombre artístico del tipo más gracioso, por decirlo de alguna forma, del pueblo. Bromista por naturaleza, prestaba más atención a idear nuevos chistes que a su propio trabajo. Su fama como humorista fue creciendo paulatinamente con el paso de los años, llegando a convertirse en toda una celebridad entre los vecinos de aquel pueblo de apenas cuatro mil habitantes.

El gran Maxi acudía a las bodas, bautizos, comuniones, aniversarios, despedidas de soltero, cumpleaños y toda suerte de celebraciones. Hacía sus bromas, contabas sus chistes y se iba, casi sin tiempo entre evento y evento. Incluso se había convertido en un fijo en las fiestas del pueblo, donde era llamado por el ayuntamiento para presentar galas y festividades así como otros acontecimientos importantes, en aquella reducida localidad.

Pero había algo en el humor del gran Maxi que no terminaba de convencer a muchos de aquellos que tenían la ocasión de acudir a sus actuaciones. Esto era debido a que el secreto de Maxi estaba en que tenía la insolente capacidad de ver los defectos de las personas. Era su especialidad. Captaba los puntos negativos en la gente, por ocultos que estuvieran, y los explotaba al máximo, haciendo chistes satíricos que, en la mayoría de los casos, resultaban sangrantes e incluso humillantes.

Como era de esperar, este detalle había conseguido granjearle no pocos enemigos. Pero la mayoría de los habitantes del pueblo, satisfechos con librarse del ojo crítico del gran Maxi, seguía animándole para que no parase de hacer chistes a costa de los demás. Así, cuando alguien nuevo llegaba, o cuando algún vecino hacía algo que se saliera de la corriente normalidad, era costumbre llevarle a Maxi y, literalmente, azuzárselo como si de un perro se tratase. El resultado siempre era el mismo, un corro de gente riéndose de alguien en concreto, quien abandonaba el lugar más enfadado que nunca en su vida.

Ocurrió que, con el nuevo curso, el mayor gimnasio del pueblo decidió incluir clases de yoga entre sus actividades. Para impartir las clases, habían traído un profesor llegado de la capital, que gustosamente había accedido a vivir en el campo. El nuevo profesor, hombre instruido que había aprendido lo que sabía de un hombre muy sabio en la India, traía consigo nuevas ideas y una filosofía diametralmente opuesta a lo que se podía encontrar allí. Muy pronto ganó fama entre los habitantes del pueblo, que no tardaron en situarse como sus seguidores y sus detractores. Esto, como no podía ser de otra forma, atrajo la curiosidad del gran Maxi y su legión de admiradores.

Un día, al fin, coincidieron ambos. Estaba el profesor de yoga sentado en una terraza tomando un zumo junto a varios de sus alumnos después de una de las clases. Maxi no perdió la oportunidad de ir a su encuentro y, carente de vergüenza, presentarse al maestro sin mayor motivo. Éste le devolvió el saludo con gran amabilidad. No habían intercambiado más de dos frases cuando el gran Maxi, animado por otros allí presentes, empezó a hacer comentarios sobre su interlocutor.

—Qué calvo estás, amigo, ten cuidado de no cruzarte con un autobús de canadienses, porque con muy poco montan un partido de hockey sobre hielo en tu cabeza. ¿Y esas cejas? ¿No podías haberte pasado también la cuchilla por ellas, o es que te las estás dejando largas a propósito para tener una cortinilla con la que taparte la calvorota? Quedaría un poco ridículo, si es esa tu idea, pero veo que no te importa ir llamando la atención por ahí; lo digo porque has salido a la calle en pijama. Pero lo mejor es esa forma de hablar que tienes, que no sé si quieres imitar a Michael Jackson, o directamente no quieres que nadie más allá de un metro de distancia se entere de lo que dices. Si antes pasó una mosca zumbando al otro lado de la calle y me perdí lo que dijiste.

El gran Maxi siguió hablando así durante un buen rato, pero toda la respuesta que se encontró en su interlocutor fue una sonrisa tranquila, ni exagerada ni falseada. No había ni un gramo de rabia en la cara del maestro de yoga, quien miraba en Paz a Maxi. No se podía decir que el profesor se riera con las ocurrencias del humorista, sino que sentía la satisfacción de aquel que está tranquilo consigo mismo y su entorno, nada más.

Maxi siguió y siguió con las bromas, sacando de un repertorio que parecía no tener fin. Pero cada vez se iba repitiendo más, o exageraba demasiado, o daba vueltas y más vueltas sobre puntos que habían dejado de tener gracia. Los allí congregados pararon de reír, y aquella escena empezó a resultar aburrida, e incluso un tanto patética. Sintiéndose solo, Maxi decidió marcharse. Su rostro no podía eludir la vergüenza que acababa de pasar.

Los alumnos que estaban sentados en la misma mesa del profesor de yoga se interesaron por el estado de su maestro, intrigados por cómo había sido capaz de soportar semejante granizada de improperios.

—¡Qué chico tan simpático! —contestó antes de dar un nuevo sorbo de su zumo.

–Pero ha estado insultándole –le dijo un alumno atónito–. Se ha pasado de la raya.

–Quería un enfrentamiento con usted –dijo otra chica.

–Bueno –contestó el profesor–, si hay algo necesario para que exista una pelea, es que haya dos partes que deseen enfrentarse. Si alguien viene a soltaros toda su basura encima y vosotros no la recogéis, ¿quién se la queda? Solo de mí depende, o bien responder, o bien no darme por aludido y seguir disfrutando de la tarde.

———————————

¿Te sacan fácilmente de tus casillas?

Toda la responsabilidad del bien y el mal está en ti.
Es una gran fuente de esperanza.
SWAMI VIVEKANANDA

¿A QUIÉN LE HAGO CASO?

Supongo que no pillo a nadie desprevenido cuando digo que los intereses cambian dependiendo de la edad. Al menos eso fue lo que me pasó a mí. Recuerdo cuando jugar a la pelota era lo único que quería en el mundo, o cuando estar con mis amigos era lo mejor. Luego llegaron las chicas y todo lo demás quedó en un segundo plano. Los estudios, el trabajo, la familia, y los demás intereses fueron llegando más tarde con el paso de los años. Pero ahora no quiero hablar de mí, sino de Fede, un chico en esa edad en la que el compadreo es lo más importante.

Por aquella época yo era monitor de un campamento de verano enmarcado en un paisaje natural envidiable. Los lagos, bosques y montañas que allí había no eran prioritarios para Fede, al menos no tanto como causar una grata impresión a sus amigos y amigas. Una tarde, mientras los chavales se protegían del sol, Fede llegó corriendo. Venía del riachuelo, cercano pero separado de aquel punto por una cuesta muy empinada.

–Hay tortugas en el riachuelo –dijo todavía jadeando por la carrera–. Son miles.

–¿Y no has traído ninguna para que las veamos? –preguntó una chica–. Si hay tantas ya podrías haber acercado unas pocas.

–¡Un momento! –dijo Fede.

Y de inmediato se volvió por donde había venido. Al rato regresó con ambas manos juntas en forma de cuenco. En ellas había cuatro tortugas escondidas en su caparazón.

—Pero suéltalas, ¿no ves que las estás asustando? —dijo otro chaval.

Fede las depositó en el suelo al momento.

—No las tengas ahí al sol, que se van a resecar —dijo otra muchacha.

Entonces Fede las tomó de nuevo entre sus manos y las llevó a la sombra.

—Pero ahí no —dijo otro chico—. Tienen que estar mojadas todo el rato como en el riachuelo.

Fede tomó su cantimplora y, al ver que estaba vacía, acudió presto al riachuelo para llenarla. Al volver, descargó el agua sobre los animales.

—No tan fuerte, que les vas a hacer daño —intervino otro muchacho más—. Así, suave como si fuera lluvia.

—A mí me parece una crueldad sacar a estas pobres tortugas del riachuelo —opinó la única chica que aún no había abierto la boca—. Entiéndelo, las has sacado de su hogar.

Fede se puso en pie enérgico. Puso los brazos en jarra, y con un tono de voz que no denotaba tanta irritación como su cara, dijo:

—A ver, he hecho todo lo que me habéis pedido y aún así seguís sin estar conformes. ¿Qué tengo que hacer para teneros contentos? ¿Qué puedo hacer?

Yo, que lo estaba viendo todo desde el principio y que trataba de que no se me notase mucho la risa que aquella situación me causaba, no pude evitar intervenir.

—Creo que está muy claro, Fede: no le des ninguna importancia a las opiniones de los demás y haz siempre lo que salga de tu corazón.

También hubiera añadido que tampoco se esforzase en complacer siempre a quienes tenía cerca, pero creo que ésa fue una lección que por aquel entonces yo no había aprendido todavía por mí mismo.

———————————

Y tú, ¿a quien tratas de complacer?

Unidad, de todas las cosas y de todas las personas.
Es más que la religión, es más que la política y más que la filosofía.
Es un acontecimiento y está ocurriendo Ahora.
¿Vas a participar o te lo quieres perder?
ENRIQUE ÁLVAREZ

PARA ELLA SI MERECIÓ LA PENA.

Súbitamente, ocurrió lo que Joaquín más había estado temiendo: la noche había caído sobre ellos y seguía sin saber si la dirección en la que conducía era la correcta. Hacía más de una hora que el coche de alquiler que conducía no se cruzaba con nadie en aquella carretera secundaria que atravesaba ese desierto sin fin. Entonces, tras un recodo, se dieron con algo que interrumpía la constante monotonía del paraje en la oscuridad. Habían encontrado un campo sembrado de enormes antenas parabólicas, que una tras otra iban mirando al mismo punto en el cielo.

Joaquín disminuyó la marcha sorprendido. Suponía que tarde o temprano daría con la civilización, pero no esperaba encontrarse con aquello, que se asemejaba a un escenario de Hollywood más que a otra cosa. Por algún motivo que desconocía, aquella superficie se encontraba iluminada por focos situados en lo más alto de distintos postes. Decidió acercarse más a las antenas, esperando encontrarse con una caseta o algo parecido que, con un poco de suerte, le llevase a gente.

Antes de poder descubrir alguna construcción, Joaquín observó perplejo que había una joven subida a uno de los postes, muy cerca de los focos. Allí, mientras se sujetaba con una mano, con la otra movía de lado a lado un palo que parecía ser una especie de cazamariposas. La chica no les había visto llegar y, de ser así, no parecía prestarles atención. El hombre tuvo que llamarla.

–Perdona –dijo en su burdo inglés–, ¿vamos bien hacia Alice Springs? Creo que nos hemos perdido.

La joven se quedó pensativa por un momento, pero al poco dio una respuesta.

–Unn, van bien. Si siguen en esa misma dirección llegarán a la carretera principal. Allí encontrarán indicaciones.

–Muchas gracias –contestó Joaquín.

Fue a meterse de nuevo en el coche, pero la curiosidad fue más fuerte y no pudo evitar volver a preguntar.

–Perdona, chica.

–Dime.

–¿Qué haces ahí subida a estas horas de la noche con un cazamariposas?

–Las polillas del desierto están en peligro de extinción. Las pobres se ven atraídas por los focos y se queman. Yo las recojo antes de que eso ocurra, las meto en esta cesta y así las voy salvando –contestó como si fuera la cosa más corriente del mundo.

–¿Y estás tú sola para salvar a todas las polillas de todos estos focos? –preguntó Joaquín atónito.

–Claro.

–¿Y eso qué sentido tiene? Quiero decir que es demasiado trabajo para ti sola. No va a haber diferencia porque salves a unas cuantas, no vale la pena.

Entonces, la chica hizo un movimiento raudo con el brazo, abrió la cesta y depositó en su interior a la polilla recién capturada.

–Para ésta sí ha valido la pena –dijo.

––––––––––––––––––––

Tú y solo tú puedes hacer la diferencia.
Hacer que todo tenga sentido.

Nuestra función no consiste en adquirir sino en ser.
RABINDRANATH TAGORE

LA AUTÉNTICA RIQUEZA

Jimena había escuchado tantas veces de boca de sus padres, amigos y compañeros de trabajo que era una aventurera, que finalmente se lo terminó creyendo. Ciertamente, no había estado pensando en eso cuando preparó sus vacaciones. Había decidido equipar un par de mochilas y comprar un par de billetes de ida y vuelta destino Hanoi, para ella y Elena, su hija de trece años. Por delante, ella y su hija tenían veinte días para dejarse llevar por los parajes que le ofrecía Vietnam. Por supuesto, desoyó las voces de alarma que la avisaban de los múltiples peligros que encerraba aquel viaje.

–Es siempre lo mismo –decía ella–. La gente opina y opina sin atreverse a probar aquello de lo que hablan.

Elena, quien había heredado el arrojo de su madre y que se había educado ajena al miedo, estaba también fascinada por la idea. De modo que las dos se plantaron en la T4 de Madrid y desde allí no volvieron a posarse en tierra firme hasta llegar a territorio asiático. Una vez en Hanoi, estuvieron visitando la capital mientras se aclimataban a los rigores de un verano eterno y al persistente jet lag.

Al tercer día, ya del todo recuperadas y con el ánimo por las nubes, alquilaron un todoterreno y abandonaron la ciudad rumbo al campo. Ante ellas se extendía un país rural muy distinto al que ellas conocían. Las carreteras eran estrechas y rudimentarias, donde era más fácil cruzarse con una bicicleta, una moto, o incluso un elefante, que con otro coche. La selva pugnaba por hacerse con el control de cada centímetro de suelo, y crecía y crecía hasta donde la vista alcanzaba.

—Escúchame, Elena —dijo Jimena—. Ahora nos dirigimos a la bahía de Ha Long, donde vamos a hacer un crucero de un par de días. Te va a encantar. Justo después vamos hacia las montañas de más al norte, a un pueblo tan diminuto que ni siquiera aparece en los mapas. Allí vamos a reunirnos con un buen amigo mío que trabaja de voluntario en una fundación local dedicada a ayudar a niños huérfanos. Permaneceremos allí varios días, incomunicadas del resto del mundo.

—No suena del todo bien —comentó Elena muy atenta, como solía ser normal en ella.

—En principio no, pero cuando veas el lugar adonde vamos te darás cuenta de lo especial que es. Vas a descubrir qué significa ser pobre de verdad.

Salvo algún que otro imprevisto, como una rueda pinchada que casi les hace perder el barco, el viaje fue como Jimena lo había planeado. Madre e hija disfrutaron de la belleza incomparable de la bahía de Ha Long, donde hicieron cientos de fotos. Luego, de vuelta a tierra, acudieron a visitar al amigo de Jimena y se quedaron con él lo que quedaba de semana. Pese a haber estado juntas a diario, Elena tenía allí mayor libertad de movimientos y también tenía permiso para jugar con otros niños y acostarse tarde. Al llegar el día en el que debían abandonar el pueblo, Jimena encontró a su hija pensativa, casi podría decirse que triste.

—Dime —comenzó rompiendo el hielo la madre—, ¿qué te ha parecido?

—Ha sido maravilloso —contestó la niña seria, concentrada en lo que decía.

–Sabía que te iba a gustar. Ahora dime, ¿has visto lo que es ser pobre de verdad? ¡Te has dado cuenta de lo que te decía?

–Totalmente. En casa nosotras tenemos un jardín, y ellos tienen un bosque interminable. En verano nos bañamos en nuestra piscina de 12 metros, y ellos tienen a su alcance un río enorme todo el año. En casa es prácticamente imposible ver alguna estrella, y ellos tienen sobre sus cabezas un espectáculo de luces increíble cada noche. Nosotras corremos a escondernos cuando llueve, y ellos se quedan disfrutando de la lluvia. El aire está sucio y huele mal en nuestra ciudad, y entre las montañas es siempre puro. Nosotras estamos conectadas de forma permanente con nuestros teléfonos, siempre atentas a qué hora es, y ellos jamás tienen prisa ni se preocupan por el reloj. ¡Ni siquiera tienen! En nuestra ciudad hay que guardar todo bajo llave, y además estar preocupados constantemente por la seguridad, mientras que aquí viven en completa Paz y armonía todos los vecinos. Nosotras vivimos preocupadas por tener muchas cosas, y ellos viven despreocupados sin más interés que ser, sentir, compartir, disfrutar. Gracias Mamá por darme la oportunidad de aprender lo que es la auténtica riqueza.

La madre, impresionada por las palabras de su hija, contestó casi sin aliento.

–No eres la única que ha aprendido mucho, hija mía. No eres la única.

Y tú, ¿qué tan rico eres?

Existe una marcada tendencia a aceptar todo lo que se dice,
todo lo que se lee, a aceptar sin poner en duda.
Sólo aquel que se apresta a poner en duda, a pensar por si mismo,
encontrará la verdad. Para conocer las corrientes del río,
aquel que quiere alcanzar la verdad tiene que meterse en el agua.
NISARGADATTA

UNA INSENSATA ESPERA

La escasez de luz solar era rápidamente remediada por las farolas que, con mejor o peor suerte, hacían retroceder las tinieblas de la estación. Había trozos bien iluminados, otros no tanto, y también huecos que permanecían completamente engullidos entre sombras. De cualquier modo, Genaro, el encargado de aquella estación provinciana, sabía que aquel detalle no revestía demasiada importancia, pues el último tren con parada allí ya había pasado. Hasta la mañana siguiente, siempre y cuando el horario se respetase, no tendrían noticias de nuevas llegadas o salidas.

Fue ése el motivo por el que Genaro se asombró tanto al ver a aquella mujer sentada en un banco. Frente a la vía, en uno de esos lugares donde la luz peleaba con la sombra con hacerse con el control, la mujer estaba detenida, absorta en sus propios pensamientos. Genaro consultó su reloj para cerciorarse de que sus ojos no le engañaban. Luego fue hacia ella, convencido de que la mujer estaba allí por error.

–Buenas tardes, señora –dijo.

–Buenas tardes –contestó ella saliendo del trance en el que parecía encontrarse.

–Voy a cerrar la estación. ¿Le importaría salir?

–¡Oh! Eso no puede ser, señor. Estoy esperando el tren que lleva a Granada.

–Hace tres horas que pasó el último tren con destino a Granada. A las 17:27, para ser más exactos.

–Ése no, caballero. Me refiero al de las 20:42.

Genaro se rascó la frente mientras rumiaba la información que acababa de recibir. Lo que decía esa mujer no podía ser.

–Por aquí pasa un tren sobre esta hora, en efecto, pero no hace parada. A las 20:52, creo, si la memoria no me falla, para en la estación de Alcázar de San Juan. Pero eso está a treinta kilómetros de aquí.

–Ya lo sé, señor –respondió ella–. Pero como no tengo coche, ni nadie que me pudiera acercar a Alcázar de San Juan, me vine a esperar el tren a esta estación.

Lo mismo ocurre con muchas personas, en lugar de salir a buscar su destino, esperan que el tren se pare donde les venga mejor.

————————

¿Estás suficientemente preparado para cuando pase "tu" tren?

Nuestro temor más profundo no es que seamos inadecuados.
Nuestro temor más profundo es que seamos poderosos más allá de la medida.
Es nuestra luz, no nuestra oscuridad, la que más nos asusta.
Nos preguntamos: ¿quién soy yo para ser brillante,
maravilloso, talentoso, fabuloso?
En realidad, ¿quién eres para no serlo? Eres un hijo de Dios.
Tu forma de sentirte y pensar en pequeño no le sirve al mundo.
No hay nada brillante en quererte hacer más pequeño
solamente para que los otros no se sientan inseguros a tu alrededor.
Hemos nacido para manifestar la gloria de Dios que hay en nuestro interior.
No está en alguno de nosotros; está en todos. Y a medida que dejamos, y
en tanto que dejemos que nuestra propia luz brille,
inconscientemente le permitimos
a otras personas que hagan lo mismo. En tanto que nos liberemos
de nuestro propio temor, nuestra presencia libera inmediatamente a otros.
MARIANNE WILLIAMSON

Y TÚ ¿QUÉ QUIERES SER?

La chimenea crepitaba con insistencia, convirtiéndose en la banda sonora de la salita. Afuera, sólo separada de ellas por el doble cristal de la ventana, se encontraba la calle en invierno, con sus coches y sus transeúntes ateridos de frío. Pero adentro todo era Paz y calidez en aquella coqueta habitación repleta de cuadros, fotos, libros y otros elementos de decoración. Y es que la abuela Concha era conocida por su amor por los espacios tan recargados como las estanterías de un bazar. *Horror vacui*, lo llamaba la madre de Candela sin que ésta entendiera muy bien por qué.

A Candela le encantaba ir a visitar a su abuela Concha, a quien decían que se parecía mucho. Ella no lo veía del todo así, aunque era una comparación que la hacía feliz. Amaba con locura a su abuela. Se veían prácticamente todas las semanas desde que ella tenía memoria y, aún así, se lo seguía pasando estupendamente, algo realmente meritorio, pues Candela tenía los catorce años cumplidos y estaba de lleno en esa edad en la que el polo de interés varía de forma radical. No obstante, aquella relación abuela-nieta tenía unas raíces muy profundas como para resistir cualquier contingencia.

Aquella tarde, Concha y Candela estaban ojeando uno de los antiguos y abultados álbumes fotográficos que la abuela guardaba en el estante más bajo de su librería. Juntas, habían revisado aquellas fotos decenas de veces, pero a Candela le seguía chiflando, porque con cada ocasión descubría nuevos detalles. La abuela, por su parte, estaba encantada de rememorar sus viejos tiempos. Cuando ya llevaban más de dos horas pasando páginas, la nieta, a cuyos enormes y despiertos ojos no se les escapaba nada, hizo una pregunta a su abuela:

—Abuela, ¿no te arrepientes de la vida que has tenido?

Concha se quedó estupefacta en un principio, pero muy pronto recobró la sonrisa.

—Es una muy buena pregunta —contestó riendo—. La respuesta es un claro *no*, pero creo que vas a tener que afinar más si quieres tener una contestación más precisa por mi parte.

Efectivamente, había acertado. La niña se recolocó en su asiento y retomó la palabra.

—Me refiero a que has tenido una vida muy completa. Lo he estado viendo aquí en tus fotos. Has viajado, estudiado en colegios caros y conocido a mucha gente interesante. Podías haberte dedicado a cualquier cosa, y sin embargo terminaste conformándote siendo bordadora y criando a los hijos de un médico.

La abuela se quedó pensativa por unos segundos. No quería precipitarse con lo que iba a responderle a su nieta.

—Ese médico era tu abuelo —contestó seria pero sin una pizca de enfado—, y sus hijos son tu padre y tus tíos. Por otro lado, bordar es mi pasión.

—Ya lo sé abuela, y no me lo tomes a mal, pero ¿no crees que se te quedó demasiado corto? —insistió la chica.

—Creo que sé por dónde vas —respondió la abuela tras meditarlo unos instantes—. Esta juventud, siempre cuantificándolo todo. Voy a contarte todo el proceso, paso por paso. De pequeña, cuando tenía más o menos tu edad, todas las niñas de mi clase hacían alguna actividad, por lo que a mí todo el mundo me decía que tenía que hacer alguna yo también. Yo no quería, pues era feliz jugando con mis amigas, o en la casa de campo de mi familia, pero tu bisabuela, muy preocupada por hacer de mí una señorita modelo, me apuntó a clases de ballet.

—Pero a ti te gustaba el ballet, ¿no abuelita?

—Lo amaba, pero sigue escuchando la historia. Cuando llevaba un tiempo en ballet, unos amigos de la familia le comentaron a tus bisabuelos que yo debería dedicarme a algo más productivo, que aunque no me gustase, sería mejor para mi futuro. Por eso me sacaron de ballet y me apuntaron a clases de ruso.

—Pero tú no hablas ruso.

—Ni hablar, no me gusta en absoluto —contestó la abuela con un gesto de desaprobación—. Tenía un nivel básico cuando una profesora de mi escuela le recomendó a la bisabuela que yo lo que debería hacer era dejar el ruso y preparar las pruebas de acceso a la escuela de enfermería, que al parecer, eran muy complicadas.

—¿A ti te gustaba la enfermería?

—Pse. La verdad es que ayudar a gente siempre me ha llamado la atención, pero me aburría la anatomía. Además, me desmayaba con sólo ver una gota de sangre.

—¿Entonces?

—Entonces, y pese a ello, tuve que pasar un par de años en aquella academia de enfermería hasta que logré convencer al bisabuelo para que me sacara de allí.

—¿Y qué pasó después?

—Pues como era una joven de buena familia, fui a la universidad, que era lo que alguien como yo, se suponía, tenía que hacer.

—¿Tú no querías?

—No me atraía demasiado, pero pese a ello había algunas cosas que me gustaban. Por ejemplo, me encantaban las Bellas Artes, pero claro, no me dejaron ingresar porque la bisabuela decía que eso no tenía futuro. Entonces decidí entrar en Arquitectura, que me llamaba muchísimo, pero a eso se opuso el bisabuelo porque aquélla no era una ocupación para mujeres. En fin, que tuve que entrar en Magisterio, una carrera que, por más que me empeñase, tampoco me seducía. ¿Sabes qué pasó entonces? Pues que conocí a tu abuelo y vi el cielo abierto. Nos enamoramos, nos casamos y pronto me quedé embarazada, por lo que tuve que abandonar a toda prisa —y encantada— aquellos estudios de Magisterio que no me hacían para nada feliz.

—Pero, insisto, abuela, ¿no supuso eso un paso atrás en tu carrera? ¿No perdiste así la posibilidad de convertirte en alguien importante?

—No lo sé, mi pequeña, pero si te soy sincera: no me importa en absoluto. ¿Sabes por qué? Porque después de haber estado intentando ser lo que otros querían que fuera, por primera vez en mi vida pude ser yo misma. Por primera vez en mi vida pude disfrutar de la vida tal y como yo la veía, no como los demás querían que la viera. Y puede que con ello me convirtiera en una simple bordadora y en la mamá de los hijos de un médico, pero, ¡qué demonios! eso me hizo ser yo misma, sentirme importante: ser feliz.

¿Eres feliz con lo que estás haciendo en estos momentos?

> *¿Qué queréis en la vida?*
> *Ésta es la auténtica pregunta, porque cuando lo sabéis,*
> *tenéis un objetivo, y cuando tenéis un objetivo,*
> *sabéis cuál es la dirección a tomar.*
> STEVE DeMasco

¿QUÉ LE PIDO A LA VIDA?

A quien me pide algo, si está en mi mano, se lo suelo dar. En los semáforos, por ejemplo, siempre doy a quien me pide y, si vende pañuelos, los "pago" muy bien. Siempre he cobrado muy bien por mi trabajo y me parece apropiado pagar bien lo que compro.

Un día esperando a que mi mujer e hija salieran de una tienda en el centro, se me acercó un señor con buena pinta pero algo desaliñado. Me pidió prestado un euro que le faltaba para comprar un billete de autobús, al menos eso fue lo que me dijo.

–¿Sólo necesitas un euro y me lo piensas devolver? –le pregunté.

–No, bueno, si puede me lo da –me contestó.

Metí la mano en el bolsillo, saqué un euro y se lo di.

–La vida te dará todo lo que le pidas –le comenté.

Me miró de forma rara, me dio las gracias y se fue a pedir a otra persona.

Al seguir esperando, me quedé reflexionando sobre lo que había pasado. Un hombre con *buena pinta*, más o menos de mi edad, y sin embargo, con una vida tan diferente a la mía. Pero, en realidad, ¿que era lo que más nos diferenciaba? Tras pensarlo brevemente, para mí la diferencia estribaba en nuestra forma de pensar tan opuesta.

Desde pequeño he sentido que me merezco lo mejor, y por ello, siempre escojo, o pido, o espero lo que he considerado es lo mejor. En realidad para mí todo el mundo se merece lo mejor, sólo que la inmensa mayoría no se cree merecedor de ello. La vida me ha enseñado que según lo que escoja, o pida, o espere de ella, eso mismo es lo que voy a obtener.

Jesús dijo: *"Pedid y se os dará ...., porque quien pide recibe. ¿Qué padre entre vosotros, cuando el hijo le pide pan, le dará una piedra?"*[2]

Pídele a la vida, salud, abundancia, sabiduría... y precisamente eso obtendrás. Pídele un euro y eso te dará.

Pero, ¿y si no me llega lo que pido? Puede ser debido a múltiples circunstancias, por lo que, para mí, lo mejor en este caso es: ¡Abrir la consciencia! Pongo un ejemplo:

Si tu hijo pequeño te pide un pastel que ve en la despensa y cuando se lo vas a dar ves que está caducado, con mal color, ¿se lo darías? Aunque se ponga a llorar, gritar, patalear, te diga que eres el peor padre del mundo, ¿se lo darías? Seguro que no. Pues algo parecido pasa con la vida.

Muchas veces pedimos cosas pensando que es lo mejor para nosotros en ese momento y, si no nos llega, nos enfadamos y nos portamos como un niño malcriado. Independientemente de lo que deseemos, hemos de darnos cuenta de que *la vida* nos pone delante, siempre, lo que precisamos para nuestra evolución; aunque eso sea un despido, una separación, una enfermedad, un premio de la lotería...

Y entonces, ante esas situaciones, digamos imprevistas, que me *toca vivir*, ¿qué podemos hacer?.

En mi opinión, lo primero, *observar* con "nuestra Visión Interior" lo que *realmente* está pasando —recuerda *"como es afuera*

---

2   Lucas 11, 9-13

es adentro"– y hacernos preguntas como ¿qué me quiere decir esa situación?, ¿para qué estoy viviendo esto? Son preguntas que nos abrirán un abanico de respuestas muy poderosas para cada uno de nosotros, y con ellas, nuestra consciencia. A continuación, se debe *reconocer* lo que está sucediendo, sin ningún tipo de juicio. Luego *aceptarlo* sin condiciones, sea lo que sea, ya que es lo que la vida, el Universo, como queramos llamarlo, me trae para experimentar. Es muy importante el aceptarlo plenamente en lugar de luchar. Si nos damos cuenta de la enseñanza que esto encierra, más poderosa cuanto más dura sea la situación, podemos sentirnos *agradecidos* por la oportunidad de *cambio* que hemos tenido. Es *responsabilidad* de cada uno aprovechar cada problema/oportunidad tomando una *acción consciente*, lo que nos convierte en el actor principal de nuestras vidas.

Otra opción posible, de las muchas que tenemos, es seguir lamentándonos por *¡lo mal que nos trata la vida!*.

Pero, cuando por fin, después de muchas experiencias en todas las numerosas vidas que hemos vivido, despertamos/recordamos/descubrimos, *quien realmente somos*, nos damos cuenta que la pregunta ¿qué le pido a la vida? procede de nuestro *estado dormido* y la que realmente toma sentido es ¿qué espera la vida de mí?. En el conjunto de este libro confío que descubras algunas ideas pero, si me lo permites, solo consideres la que salga de tu interior, *es la única válida para ti* y cuando tengas tu respuesta, actúa. Para eso estamos aquí para *descubrirnos* y *actuar* desde la consciencia.

¿Qué espera la vida de ti?

> *Antes de la Iluminación, cortar leña, acarrear agua.*
> *Después de la Iluminación, cortar leña, acarrear agua.*
> **Proverbio Zen**

¿POR QUÉ LLORAS DE ESE MODO?

Un venerado maestro había enseñado durante toda su vida, entre otras muchas cosas, que todo estaba compuesto por pequeñísimas partículas indivisibles que aparecen y desaparecen a una velocidad increíble. Es lo que los científicos llaman átomos, o *quantums*, pero que en oriente eran conocidos desde muy antiguo como *kalapas*. El flujo constante de estas partículas apareciendo y desapareciendo produce una impresión de solidez que el mundo occidental llama *realidad*, pero que en verdad se trata de un mundo ilusorio que en oriente se denomina *Maya*, ilusión.

Él enseñaba que cuando adquirimos la capacidad de observar lo que ocurre sin juicios, ni apego, ni expectativas, vamos tomando consciencia de que lo único que permanece constante es el *cambio*. Por tanto, no hay que apegarse a nada en absoluto para lograr experimentar esa *realidad* sutil que libera del sufrimiento.

Ese maestro, un día fue visto llorando con gran tristeza por sus discípulos. Con el mayor de los respetos le preguntaron.

–¿Por qué lloras tan desconsoladamente?

–Yo no lloro –contestó–. Son los ojos del cuerpo que ahora utilizo los que lloran, ya que he perdido a mi hijo en este mundo ilusorio.

Algunos creen que la iluminación, el despertar/recordar, la perfección, la maestría espiritual, o como queramos llamarlo, consiste en no tener sentimientos. Sin embargo, aunque cada vez seamos más conscientes de que somos seres espirituales que tienen experiencias humanas, también somos humanos. Por tanto, cuando toca llorar, se llora y cuando toca reír, se ríe. Todo ello sin apegarse a nada, ni siquiera al desapego.

No soy lo que me ocurre,
soy aquello en lo que he elegido convertirme.
CARL JUNG

NO IMPORTA LO QUE HACEMOS, SINO COMO LO HACEMOS

Antonio, un joven sevillano cuya mayor ilusión era ser actor, decidió un día marchar a Los Ángeles para probar fortuna. Sólo había hecho teatro y algunos papeles secundarios para el cine nacional, pero iba detrás de sus sueños y nada sería capaz de detenerle.

Apenas si sabía decir algo en inglés al llegar, pero como tenía un carácter muy abierto, estaba siempre alegre y con una amplia sonrisa, no tardó en encontrar trabajo en un conocido restaurante. Era de *kitchen hand*, o como se le conoce en su tierra, friegaplatos, pero eso a él no le importó en absoluto. Era más que feliz compaginando su trabajo con las clases de inglés e interpretación.

Los primeros meses fueron pasando y Antonio comenzó a acudir a *castings* de todo tipo. No importaba que fueran para anuncios, televisión, videoclips musicales, cine, o incluso para modelo. Sin embargo, y pese a su insistencia, siempre obtenía el mismo resultado: "te avisaremos cuando tengamos algo para ti".

Cuando ya llevaba seis meses en California, y dado que su situación no mejoraba, una noche tuvo un mal sueño. Se vio a sí mismo triste, apesadumbrado, sin ánimo. Abandonó las clases, dejó de cuidarse, y su humor empezó a agriarse. Esto comenzó a notarse en su trabajo. Poco a poco, empezó a llegar tarde, a distraerse en el trabajo o incluso a descuidar su higiene. Cuando llegaron quejas sobre la limpieza de los platos por parte de los clientes, el encargado de la cocina no dudó en despedirle. Con los castings no le iba mejor. Seguía acudiendo, pero con tan pobre actitud que era eliminado a las primeras de cambio. Pronto se le acabó el dinero, por lo que no le quedó otra salida que volver a Sevilla. Una vez en casa comenzó a dar clases particulares de inglés, mientras fantaseaba con lo que pudo haber sido su vida de haber tenido un poco más de suerte.

Al despertarse sobresaltado, se prometió que eso nunca ocurriría. Por eso, y aunque seguían pasando los meses y su situación no mejoraba, Antonio nunca se desanimaba. Más al contrario, hizo del dicho *al mal tiempo buena cara* su lema, y siguió yendo todos los días a trabajar cantando los temas de sus grupos favoritos. Feliz como si fuera el primero. Fregaba los cacharros siempre sonriente y ayudaba en lo que podía sin que fuera necesario que se lo pidieran.

Su jefe le preguntó intrigado cómo podía estar tan alegre un día sí y otro también. Antonio le respondió explicándole su filosofía con detalle, sin ser consciente de que era capaz de mantener una conversación en inglés fluido sin despeinarse.

—Mi madre me enseñó que no importaba lo que hiciera en la vida, sino *cómo* lo hiciera. Y ese *cómo* significa poner todo el amor posible en lo que tenga que hacer. Eso incluye estar dispuesto, sin que me lo pidan, a ayudar siempre a los demás, incluso si con eso tengo que hacer cosas que no se correspondan con mi tarea. Siempre de buena gana, con una sonrisa, y sin esperar nada a cambio, por supuesto.

—Muy sabia tu madre —le contestó su jefe—. Me gusta mucho su filosofía. Me gusta tanto que vamos a hacer una cosa: a partir de mañana voy a probarte sirviendo las mesas. Cobrarás más y además participarás en las propinas de los camareros. ¿Qué te parece?

Antonio no sabía qué contestar. Emocionado, le dio las gracias y se dispuso a hacer su nueva tarea con entrega absoluta. Por supuesto que Antonio pasó la prueba. Comenzó a trabajar de camarero y a los pocos meses se convirtió en el más popular de la plantilla. Esto ya era todo un triunfo para alguien que llegó a Los Ángeles apenas chapurreando el inglés. Causalmente, trabajaba en un restaurante de moda en Hollywood, frecuentado por actores, guionistas, directores y productores. Lógicamente, a Antonio no se le pasó la oportunidad por alto, por lo que pronto consiguió pruebas para papeles que antes se le escapaban. Poco a poco se fue haciéndose un hueco en la industria, conociendo gente y trabajando con productoras más y más importantes.

Hoy, el friegaplatos que cantaba flamenquito en una cocina de Hollywood Boulevard, es candidato a un Óscar al mejor actor de reparto.

¿Haces todo con Amor o sólo lo que te apetece?

Todo el mundo "sonríe" en el mismo idioma,
nos hace sentir bien y no cuesta dinero,
"regalemos sonrisas".
ENRIQUE ÁLVAREZ

LA SESIÓN DE FOTOS

Una nueva sesión de fotos, no sabía cuantas llevaba en lo que iba de mes. Y si pensaba en la cantidad que podría ser desde que se inició la temporada, era aún peor. Sólo de imaginárselo le daba vueltas la cabeza. Tendría que hablar con su agente para recordarlo. En esta ocasión, una sesión de ropa de baño en Islas Mauricio para una prestigiosa revista de moda. Era lo que tenía ser la modelo revelación del año.

Como tenía un calendario tan apretado, atendía a un reportero local en una entrevista improvisada mientras le hacían nuevas fotos. Siempre sonriente y dispuesta, María contestaba a las preguntas sin perder la concentración de sus posados.

—¿Cómo fue que te hiciste modelo? —preguntó el entrevistador.

Esa pregunta encantó a María, pues le hacía retroceder varios años, hasta su misma niñez, cuando celebraba su cumpleaños junto a su familia en un maravilloso hotel de playa. Era inmensamente feliz.

—Se lo debo a Quique, mi hermano mayor —contestó—. Bueno, en realidad se lo debo a mi padre. Si lo pienso mejor, creo que se lo debo a mi madre. Bueno, no estoy segura, pero se lo debo a mi familia, eso seguro —respondió encogiéndose de hombros y desplegando una de sus ya famosísimas sonrisas.

–No me ha quedado muy claro –replicó el reportero rascándose la cabeza.

María volvió a sonreír, provocando una salva de fotografías hacia ella.

–Te lo tengo que explicar –dijo–. Era verano, yo cumplía catorce años y, para celebrarlo, mi padre decidió que pasásemos unos días en un pueblo de Almería llamado San José, en mi país. Lo recuerdo con mucho cariño, porque mi papá se había encargado de preparar todas las actividades que más me gustaban: surf, excursiones en kayak, patinaje, senderismo y, por supuesto horas y horas de playa y piscina. Me encanta nadar, siempre ha sido así. De hecho, lo primero que voy a hacer al terminar la entrevista es darme un chapuzón en el mar.

La chica volvió a sonreír, con su sonrisa natural que resultaba arrebatadora. Tanto era así, que incluso el entrevistador tuvo que retirar la mirada de ella vencido por la timidez.

–Quique, mi hermano, aunque tres años mayor que yo, era un perfecto compañero de juegos para mí –continuó la chica–. Siempre lo fue. Era un auténtico gamberro y le llamábamos *Guasón*. Le adoraba. Desde siempre le he adorado. Resulta que una de nuestras bromas favoritas era poner caras raras, ya sabes, sacar la lengua, ponerse bizco, abrir las aletas de la nariz, torcer la boca... Cualquier cosa valía. Era muy divertido, y mucho más cuando trataban de sacarnos una foto. Creo que de aquella época no hay ni una sola en la que salgamos normales. A cuenta de esto, mi padre, queriendo guardar recuerdos de unos días tan especiales, estuvo encima de nosotros dos para inmortalizar el momento. Pero claro, siendo tan gamberros como éramos, ni mi hermano ni yo permitíamos que hubiera ni una foto decente. Y mi papi, todos aquellos días persiguiéndonos con la cámara colgada del cuello...

Encandilado, el periodista no podía evitar regocijarse al escuchar su historia.

–Resulta paradójico que unos cuantos años después te convirtieras en uno de los rostros más fotografiados del mundo –comentó él.

–Precisamente por eso –contestó ella–. Déjame finalizar. Verás: tan pesados estábamos Quique y yo con nuestras caras feas, y tanto estábamos trayendo de cabeza a mi padre, que mi madre, una mujer cariñosa pero bastante menos paciente que papá, terminó por reprendernos. Alzó la voz, e incluso amenazó con castigarnos si no dejábamos de hacer el ganso. En realidad, mamá tenía razón, pero nosotros no éramos más que unos críos, de modo que no entendimos su enfado y terminamos por enfadarnos también. Dejamos que nos hicieran las fotos, pero estuvimos muy serios, de modo que no salimos como esperaba papá. Esto enfureció de verdad a mi madre, que harta de nuestra actitud, nos castigó. Entonces mi padre, evitando que yo me echase a llorar y esto arruinase la ocasión, dijo unas palabras preciosas que jamás se me olvidarán:

"Chica, no les castigues. Prefiero que salgan haciendo el tonto a que lo hagan enfadados o tristes. Nuestros hijos son encantadores, pero su belleza está en su vitalidad, en su espontaneidad, en su forma de ser, en sus sonrisas, en su interior. Sin duda esas sonrisas son el mejor adorno que pueden tener, y cuando las regalan son capaces de derretir el corazón de la persona mas dura".

María se secó una lágrima antes de que ésta tuviera ocasión de hacer aparición y estropease su maquillaje. Se recompuso en seguida y retomó la historia.

–Esas palabras me llegaron muy adentro –dijo–. El enfado desapareció de golpe y yo empecé a sonreír para él. Mi hermano se contagió en seguida, y le dedicamos espléndidas sonrisas a aquella cámara a la que hasta entonces sólo le habíamos ofrecido carotas feas y tontas. Y mientras tanto, emocionado, mi padre nos decía:

"Eso es, chicos, me encantan vuestras sonrisas. El mejor regalo que podéis ofrecer a cualquier persona en cualquier lugar y en cualquier situación, es vuestra sonrisa. Y tú, María, el adorno mas valioso que jamás te puedas poner".

–Es una historia muy bonita –comentó el entrevistador al borde de soltar también una lagrimilla.

–Es aún mejor –continuó María–, pues quiso el destino que en ese preciso momento y en ese lugar, estuviera presente un hombre, un turista como otro cualquiera, que trabajaba para una importante agencia de modelos. Le dio su tarjeta a mi padre ofreciéndome una prueba gratuita, convencido de que tendría mucho éxito. No se equivocaba, pues a los pocos meses, ya era la imagen de una conocida firma de moda juvenil. Fue ése mi primer contrato. Y hasta ahora –dijo– con una sonrisa encantadora marca de la casa.

¿Cuántas veces, de media, sonríes al día?

Para conseguir que haya Paz en el mundo,
primero la debemos conquistar en nuestro interior.
Sólo podemos dar lo que tenemos.
ENRIQUE ÁLVAREZ

¿ES UD. UN ÁNGEL?

15:17, aeropuerto internacional Chhatrapati Shivaji de Bombay. Los accesos están abarrotados y hace calor. Ha habido un fallo en el sistema eléctrico que hace que las puertas y los controles de seguridad fallen. El aire acondicionado está totalmente fuera de servicio, si es que lo hay. Arturo ha invertido tres cuartos de la hora que lleva allí, esperando poder facturar su equipaje. En menos de treinta minutos debe haber embarcado en el próximo vuelo a Shangay, se muere de hambre y sed, suda por todos los poros de su piel y comienza a desesperarse.

Una vez que ha visto cómo su maleta era transportada manualmente por un hombre que la depositaba sin ningún cuidado sobre un carro atestado –y pensando que si ésta llega con él a Shangay será un milagro–, sale corriendo en dirección a la aduana. Allí da gracias al Cielo por ser ciudadano de un país de los considerados del *primer mundo* y no tener que esperar una nueva cola, que con los fallos del sistema se ha convertido en gigantesca. A Arturo siempre le ha parecido esta diferenciación injusta y desproporcionada, pero por una vez no se va a quejar.

Pasa el control intentando que los guardias no descubran su nerviosismo por las prisas, lo que, sin lugar a dudas, hará que se detengan más tiempo en él y que le hagan más preguntas. Sale a todo correr tratando de localizar su puerta de embarque, descubriendo que los paneles tampoco funcionan. Va a preguntar a un mostrador donde se arremolinan decenas de personas desorientadas. Nadie sabe nada y él se muere de hambre. Tiene el impulso de ir a por un bocata y un refresco para aliviar su estómago y su garganta pero, al mismo tiempo, sabe que no puede permitirse perder el vuelo. Ya le había ocurrido una vez antes, y su jefe no se lo perdonaría por una segunda ocasión.

El tiempo se agota, pero al fin una chica de información, perfectamente uniformada pero empapada en sudor, le da la indicación deseada.

"Puerta 15C, todo recto en aquella dirección", dice. Arturo quiere tener un mejor conocimiento para no perderse en aquella terminal con pinta de ser laberíntica, pero la joven ya está indicando a varias personas al mismo tiempo, como una especie de Shiva multitarea con sus cuatro brazos.

Arturo sale corriendo. En realidad no ha parado de hacerlo desde que el taxi le dejase a la entrada del aeropuerto. Cuando ya cree que no puede correr más, se ve obligado a imprimir una nueva velocidad al descubrir que la puerta 15C se encuentra mucho más lejos de lo que pensaba. Se concentra para tratar de controlar la respiración, pero esto se vuelve un imposible. Va junto a otras personas que, como él, han tenido un problema similar. Precisamente una de esas personas ha pasado tan cerca de una mesita que la ha tirado por los suelos. Una veintena de figuritas religiosas ruedan por el suelo de la terminal. El causante de aquel estropicio, un ejecutivo trajeado semejante a Arturo, sólo dedica un segundo a comprobar qué ha ocurrido a sus espaldas. Ve que no hay heridos, por lo que continúa con su alocada carrera.

Arturo va detrás, tiene prisa como el que más, pero va frenando hasta detenerse junto a la chica que hay sentada al otro lado de la mesita. Es muy joven, demasiado quizás, y su rostro indica una tremenda confusión.

—Yo te ayudo —le dice Arturo sin saber si ella comprende el inglés.

Pone la mesa en pie y comienza a recoger las figurillas que se habían caído. También hay fotos, postales y otras estampas. La mayoría de las personas que pasan por allí siguen corriendo sin dar importancia a lo que ocurre —incluso enfadándose porque están entorpeciendo el paso—, pero algunas otras se le unen, trayendo todo en un periquete.

—Muchas gracias —le dice la niña tocando una de las mangas de su traje.

—No hay de qué —contesta Arturo, que aunque sigue con prisas, está mas calmado—. Tienes varias figuras rotas. Toma este billete. Espero que te dé suficiente para reponer todo y que este incidente no haya arruinado tu día.

Y de seguido se dispone a reanudar la marcha, sabiendo que lo que ha pasado, aunque le ha acercado más que nunca a perder el vuelo, le hace sentir bien.

—Señor —llama la niña a sus espaldas—, ¿es usted un ángel?

Arturo se detiene sorprendido. Se acerca a la niña y comprueba que está llorando. Va a secarle las lágrimas, cuando descubre que se trata de una niña ciega. Esto le deja en shock.

—*Tú* sí que eres un ángel —le responde con un beso en la frente, una sonrisa y una ligera caricia sobre su cabeza—. Hasta pronto, que Dios te bendiga.

A continuación, y ahora sí, se vuelve y sale volando. Alcanza la puerta cuando las azafatas ya casi han cerrado el embarque, pero su mente ya no está en eso.

"¿Es usted un ángel?", se repite sin cesar con una fuerte vibración en su cabeza, en su corazón, en su alma.

Por tus actos, ¿te confundirían con un ángel?

<blockquote>
Si ayudo a una sola persona a tener esperanza,
no habré vivido en vano.
MARTIN LUTHER KING
</blockquote>

ESPATÓ. GRACIAS POR ASUMIR TU PODER Y UTILIZARLO EN BENEFICIO DEL COLECTIVO

Desde hace algún tiempo suelo utilizar la palabra *Espavo*, cada vez con mayor frecuencia, al encontrarnos entre quienes conocemos su significado, al despedirnos cuando terminamos una reunión, al enviarnos un SMS, un email, etc.

Espavo significa literalmente *gracias por asumir tu poder*, poder que tenemos al saber quiénes somos en realidad, referido a nuestra verdadera esencia y al importante papel que desempeñamos en el Universo. Era utilizada en los tiempos de Lemuria como un saludo, por lo que era una palabra que estaba constantemente en los labios, oídos y en el pensamiento de todos, formando parte del sistema de creencias de esa cultura. Vendría a equivaler a nuestro actual *hola* y *adiós*.

Pese a ser una palabra nueva en nuestro lenguaje diario, y muy poderosa, se me quedaba corta: no la encontraba plena de contenido, le faltaba algo. Por ello, no dudé en reconocer una nueva palabra cuando me llegó en una meditación reciente. Era derivada de la palabra original pero con una terminación diferente: *Espató*. Su significado también es distinto.

No es suficiente con que cada uno tomemos nuestro *poder*, ya que ese poder se puede emplear para beneficio propio o de nuestro grupo. Esto hace que sigamos manteniendo la energía de separación que tantas experiencias, digamos "desagradables", nos han proporcionado. Precisamente de esas experiencias hemos aprendido que hay otra forma de emplear ese poder, y es en beneficio de todos.

Espató en lugar de una palabra lemuriana, es un término andaluz, resumen de la expresión *es para todos* —es pa tó—. El significado que le doy es *gracias por asumir tu poder y utilizarlo en beneficio del colectivo.*

Los tiempos tan apasionantes que estamos viviendo nos invitan a utilizar nuevamente esta forma de saludo ancestral, adaptada al Ahora. También nos recuerda que todos, pese a ser diferentes, somos, en esencia, iguales y formamos parte del Uno, de la Totalidad y, tomando consciencia de ello, actuamos a cada instante de nuestra vida.

Si así lo sientes y te apetece, explica lo que significa y úsalo cada vez que lo creas apropiado.

Espató.

Sevilla, septiembre de 2014

---

*Si deseas contactar con nosotros, dejarnos una sugerencia,
algún comentario sobre el libro o lo que se te ocurra,
lo puedes hacer a través de la web;
www.regandoelalma.com*

---

*Si quieres informarte de las actividades que estamos desarrollando,
entra en la web de la Fundación Espató;
www.FundacionEspato.com*
